あっと驚く！
「高給」「薄給」の真実

別冊宝島編集部 編

宝島
SUGOI
文庫

宝島社

introduction

「ホントの給料」物語

180日、年の半分出勤して、学校給食を作る。実働は1日5時間だが、この仕事で年に900万円もらえるという。退職金は2800万円。

年間360日働いて、テレビ番組を作る。プロデューサーにドツかれ、週3日徹夜した場合は240万円。

デキの悪い息子をなんとか医者にさせるため、4000万円の寄付金を払って、年間1000万円の授業料がかかる私大医学部に放り込んだ。卒業したはいいが、40歳でも年収700万円だ。

オホーツクの寒村に、エレベーター付の「御殿」が立ち並んでいる。ホタテの貝柱で時ならぬゴールドラッシュ。平均年収は2000万円だ。

生き馬の目を抜く格差社会。誰も「ホントの給料」などいいたくない。

「本当はガッポリ」の人は、静かに働いている。

「実はカツカツ」の人も、余計なことは言わない。

「いったい、本当のところはどうなんだ?」という、9割の興味とほんの少しの正義をもって、本書はその隠された世界に光を当てる。


これを読み終わったとき、「上流下流」「多い少ない」「増えた減った」の勝ち負けから自由になったあなたがきっといる。

別冊宝島編集部

※本書の内容およびデータは、元本の『別冊宝島1368号　人生が変わる「高給」「薄給」の本当の話』(2006年発行)のままです。

あっと驚く!「高給」「薄給」の真実　目次

第4章　天国と地獄

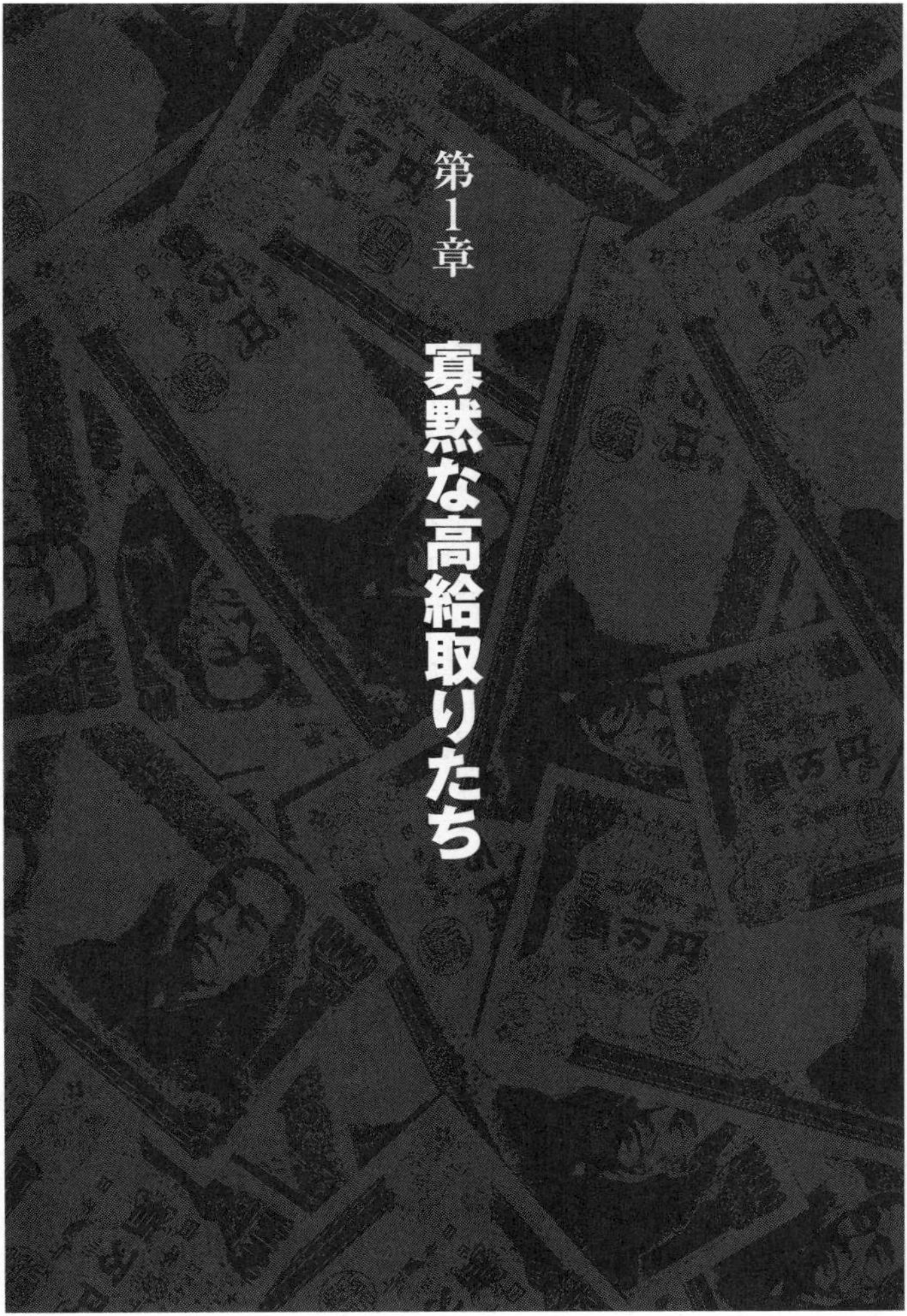

第1章 寡黙な高給取りたち

キング・オブ・公務員

公営バス運転手

年収800万円

「年収1400万円」という公務員運転手たちの「言い分」

都会の混雑した道を走る公営バス。前方の席に座り、事故を起こさずに大型車両を運転する技術を観察すると、しばしば感心させられることもある。地下鉄が東京ほど発達していない政令指定都市などでは、庶民の主力交通手段のひとつだ。

しかしこの仕事で、日本の労働者全体のたった5％という「1000万円プレーヤー」の仲間入りができると聞けば、やはり違和感が残る。この公営バス、つまり身分は公務員という「バス運転手」の給与が異常な高水準にあることは、それほど知られていない。

いまも「伝説」になっているのは、03年度、「年収1400万円」という、バッケンレコードを記録した大阪の市バス運転手Aさんのケースだ。

05年3月、国会の予算委員会で当時の麻生太郎総務大臣が「ちょっと待ってくれと言いたくなる」と発言し、その存在が表面化した。

大阪市交通局が明らかにしたところによれば、02年度、約1400人のバス運転手のうち211人が「年収1000万円」以上。高給の直接の原因は、平均314万円（年収1000万円以上のケース）という「超過勤務手当て」だった。

職員全体の平均は811万円（平均年齢は約40歳）。民間バス運転手の平均と比較し200万円〜300万円以上高い。民間では近年、長距離バスを中心に分社化・契約運転手化が進んでおり、その場合は50代でも年収400万円程度が相場だ。

ちなみに一般サラリーマンの平均値は439万円（平均43・5歳、国税庁「民間給与実態統計調査」平成16年）。大阪市交通局が抱える累積赤字は1600億円以上ある。

もちろん、市バス運転手の高給は大阪だけではない。明らかになっている数字を拾っていこう。

たとえば横浜市（02年度）。約1600人の市バス運転手の平均年収は792万円（平均43歳）で、1000万円以上も245人。

京都市は940人の平均が873万円。以前はもっと高給で、95年には、約1500人の運転手のうち507人が1000万円超と、京都市交通局は一部上場企業もビックリの「隠れ超リッチ職業」となっていた。

また、名古屋市の場合（05年）は平均年収818万円。仙台市（01年）は平均790万円。（民間の宮城交通の場合、405万円）

そして、約2000人の都バス運転手は、やや低いとはいえ775万円。ちなみに17年度決算において、本業の儲けを示す営業損益は26億円の赤字だ。

これらバス運転手（及び自治体の清掃・環境局職員）の厚遇問題は、高まる批判をかわす形で、急速に「賃下げ」の動きが加速している。

名古屋の場合、06年には前年と比べ平均年収ベースで約100万円のリストラを行なったほか、前出の大阪市でも、3年前に2000人以上いた「1000万円プレーヤー」が、17年度実績では120人程度になるという。

そもそもどうして一介の公務員であるバス運転手の給与がこれほど突出して高いのか。

これらを問うと、たいてい次のような回答が返ってくる。

すなわち「運転手の新規採用を長く控えた結果、常にぎりぎりの運行ダイヤを余儀なくされ、非番の運転手に出勤命令を出すなど超過勤務が発生してしまっているから」というものだ。

しかし、さる運転手は小声で打ち明ける。

「そら、非番の日に命令が来るよう、仲間内で計画して組織ぐるみで調整しているんやから、そうなるやろ。朝夜の運転が過酷といったって、この稼ぎじゃ文句は言えへんよ。ま、ハッキリ言うたらそこはあまり触れてほしくないとこやけどな」

路線バスの運転手になるには「大型二種免許」が必要で、取得には40万円～50万円ほどの費用がかかるが、市バス運転手になれば、その「費用対効果」は最高だ。

「都バス」運転手の給与も、一部上場企業と遜色ない水準。同じバスでも民間とは極端な開きがある。（写真／金子 靖）

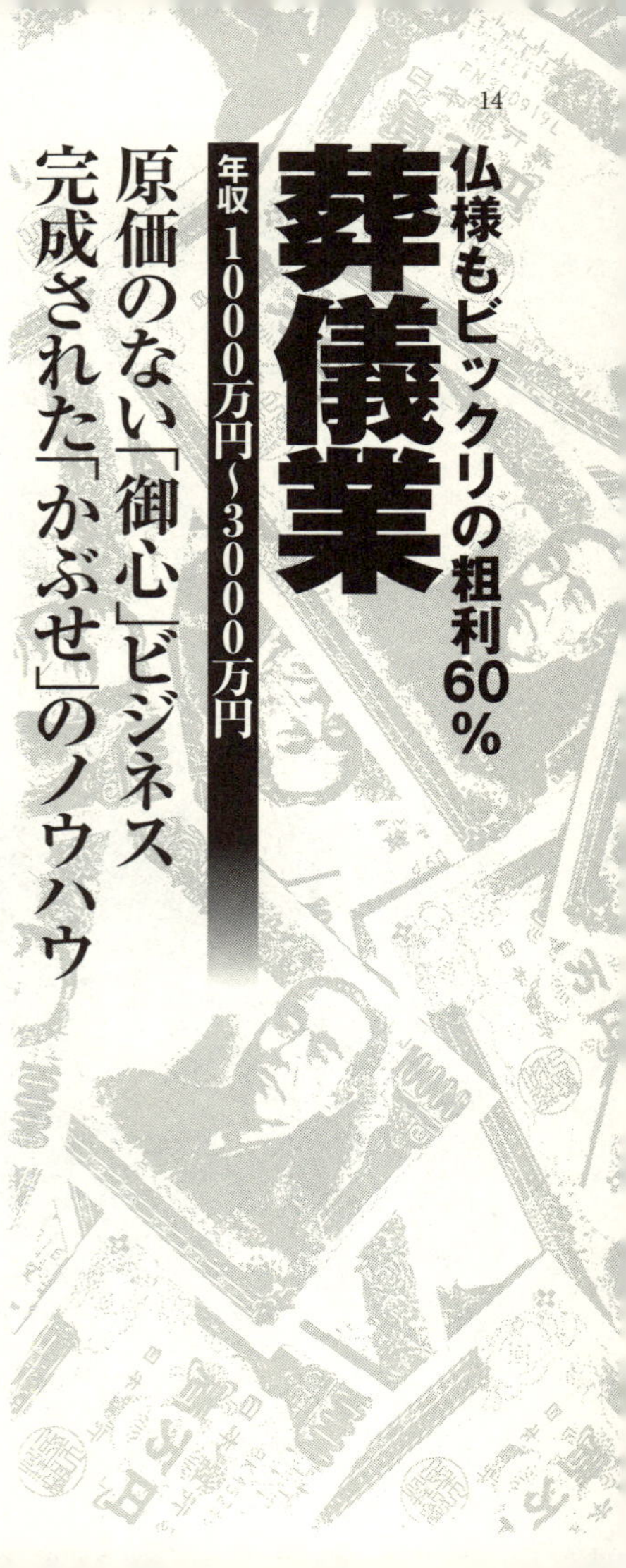

仏様もビックリの粗利60％

葬儀業

年収1000万円～3000万円

原価のない「御心」ビジネス
完成された「かぶせ」のノウハウ

元警視庁巡査部長のジャーナリスト・黒木昭雄氏のルポ『葬式の値段にはウラがある』（草思社）は、ブラックボックスに入っている葬儀業界のシークレットに光を当てた労作である。

著者がかつて、父の死に際して業者から請求された金額はおよそ400万円であったという。果たしてこの金額が妥当なものであったのかどうか、同書を読むとその答えは明らかだ。

もっとも、人の死を商売にする葬儀業が偏見の目で見られてきたのは今に始まったことではない。それを逆手に取って「明朗会計」を売りにする（実はさして金額が変わらなかったりするのだが）業者も出てきているところを見ると、「荒稼ぎしているんじゃないか」と薄々感じている人がいかに多いかということだろう。ただすべてが悪徳業者というわけでないのは、断るまでもない。

さて、この業界で働く営業マンの評価は、たいてい成果に応じた歩合制だ。大手葬祭チェーンで働く平均的な社員であれば、30代で年収６００万円～８００万円といったところだが、病院ないし警察に食い込み「遺体＝（仕事）」を引っ張ってこられる営業マンになれば、軽くその倍は稼ぐことができる（もっとも一番儲かるのは葬儀社の経営者である）。

地方で、有力な病院に深くコネクションを持つ業者のほうが、むしろ身入りはいいかもしれない。前述の黒木氏の著書に登場する、業界の生き字引的ベテランは、会社勤めの40年間で「８億円をくだらない」金を稼いだと豪語する。物価の変動を考慮すればその凄さがうかがい知れよう。

「平均２００万円」とも言われる現代の葬儀費用であるが、その粗利は少なくとも60

%以上と他の業種の追随を許さない。その背景にあるのは、原価がかからないことと、相場がないということだ。冷静な金銭感覚が停止しがちな葬儀の現場では、心理面でも情報面でも圧倒的に「業者」有利の状態になるのが普通だ。

葬儀の経費の中心となる祭壇の設営費にしても、生花等を除いては基本的に使いまわしのできる小道具だ。「葬式3回で減価償却できる」という祭壇費用数十万円は、4回目からそっくり利益となって転がり込む。しかも、その再利用は2、3年どころかその気になれば20年でも可能なのだ。遺族としても、1度しかない葬儀で、見栄を張りたい、後悔を残したくないという気持ちから、つい豪華な祭壇に走りがちだ。「棺おけ」や「骨壷」なども、原材料などを吟味する遺族はいないから、原価の10倍といった値付けが平気でできる。

通夜ぶるまいで出す料理にしても、仮にまずくても葬儀の場で料理にケチをつける人は少ない。だから最低限の料理でビックリする値段をごく自然に請求できる。

火葬料金というのもある。公営の火葬場なら、多少の差はあれまず1万円以下で統一されているが、業者の息のかかった民間火葬場では、5万円～20万円以上もする。火葬作業は同じなので、高いほど儲けは多くなる。

それから、僧侶に払う謝礼がある。読経の謝礼にはこれまた相場が明確でないのだが、たいていの場合業者と僧侶にはビジネス上の関係があって、下は10万円から上は

100万円の謝礼のうち、僧侶側から業者に半分近くはキャッシュバックされているのだ。まさに、この世は生ける者たちの世界である。

また、人は必ず畳の上で死ぬとは限らない。自殺や事故死などの現場を処理する「特殊清掃業」や、湯灌業者、死に顔を整える「エンゼルメイク」など、まだまだ葬儀ビジネスの裾野は広い。高齢化社会の日本において数少ない「市場拡大」確実な業界。「葬儀のプロ」の高収入はこれからも揺るぎそうもない。

すごい粗利！「葬儀」費用と原価コスト

内　訳	料金相場	備　考
祭壇	20万円〜100万円	ほとんどが使いまわし
棺	5万円〜50万円	原価は1割以下
火葬料金	1万円〜30万円	部屋の豪華さが違うだけ
霊柩車	3万円程度	コストは人件費のみ
骨壷	1万円〜10万円	通常、安価な材質
位牌	1万円〜5万円	原価はほとんどなし
撮影	1万円〜10万円	写真をパネルに入れるだけ
室外設営	10万円〜100万円	使いまわしでほぼ十分
ドライアイス	3万円程度	原価は半分以下
生花・花環	3万円〜10万円	提携する花屋から安値で仕入れ
式場使用料	10万円〜50万円	どの会場でも原価は変わらず
謝礼（僧侶）	10万円〜50万円	僧侶と業者で山分け
通夜ぶるまい	20万円〜50万円	酒、料理が市価の2倍〜5倍に
合　計	50万円〜500万円	粗利はなんと60%以上！

37歳で月給130万
外交官
年収2000万円
「ムネオの復讐」で分かった特権階級の「楽園生活」

つい先般、「疑惑の総合商社」と非難され、拘置所暮らしも経験した男が、永田町に復活するや「もっとやれ！」と「庶民」の支持を集めているのだから、人間、不思議なものである。

鈴木宗男・衆議院議員がかつて蜜月の関係にあり、「自分を裏切った」外務省に質問主意書を連発している内容が面白い。たとえばこんなことが「回答」に出てくる。

ひとり平均年間290万円という住居手当。ほとんどこれだけで民間若手サラリーマンの「年収」だ。

1547人に17億4779万円が支給された「配偶者手当」。（一人当たり平均113万円、05年）

00年から04年に本省が購入したワインは2177本、1644万円。

また06年4月には、ある女性外務官僚が書いた「本」の内容についての質問主意書を出している。

この本は、スティルマン清井美紀恵著『女ひとり家四軒持つ中毒記』（00年、マガジンハウス）で、女性外務官僚が、家の購入にハマる自分の姿も含め、蓄財や浪費に走る外交官の姿を赤裸々に描いた内容だ。

すると目ざとくその内容を見つけたムネオ議員、本の内容をいちいち引用しては「これは本当なのか」と突っ込む。「お答えしかねます」「確認できておりません」……清井氏は現役の職員（スイス公使）だけに、外務省も困り果てている様子がありありだ。

それにしても、「せっせとドルを送金して蓄えもできた」ので2800万円を4年で軽く返済した清井氏には、誰もがひとこと、こう言いたいのではないか。

「あなた、家中毒もいいけどそれは税金ですよ」と。

外務官僚の「楽園生活」を知り抜きながら、あえて彼らに質問を続けるムネオ劇場は、まるで分かっている犯人を追い詰める「刑事コロンボ」を見るようだが、このことは、隠された「公務員特権」の聖域を見てみぬふりをしている議員がまだ相当数いることを示唆している。

外交官の給与は、厚遇批判を経、99年をピークに下がってきているが、それでもなお高い水準にある。

本給に加え、手厚い在勤手当（一人年間平均807万円）が2本柱。それに住居手当、配偶者手当、子女教育手当、特殊語学手当などがドンドン上積みされていく。大使級で年収2500万円、トップの駐米大使は3200万円ほどになり、軽く国会議員を凌ぐ。

ポイントは、これら手当がまったく無税でもらえるということ。さらに豪邸、運転手、料理人付きという生活の、かなりの部分を経

かつて「公金不正流用疑惑」で懲戒免職になった米国・デンバー総領事の公邸。プール付きの豪邸にタダ住まいだ。（写真／共同通信社）

費で落とせるということだ。巷間伝えられる「外交官3年やれば家一軒」も信憑性を帯びてくるというものだ。

06年10月、ある新聞報道が話題になった。07年度予算概算要求にかかる折衝の過程で、外務省が「この給与では職員の士気にかかわる」と不満を主張したのだが、その金額が37歳ワシントン勤務（入省15年目・子供2人）の場合、月平均131万6000円（在勤手当が76万円）というのである。

37歳年収1500万円以上、うち半分以上は「無税」でも、不満というのだから恐れ入る。さる大手新聞社デスクがあきれて言う。

「あの数字は、財務省がリークしたんですよ。公務員人件費の抑制が霞ヶ関全体のテーマなのに、なにをかいわんや、ということです」

もっとも、大使経験者に話を聞くと「外交というものの実情を知らない人から、給料が高すぎると言われるのは心外」と打ち明ける。

「大使館や公邸は日本の顔であって、質素にすれば良いというものではない。また批判を恐れるあまり本来の外交である情報収集活動をしなくなれば、確実に国益は損なわれていく。私腹を肥やしているだけの人物ばかりではない、ということ」

ともかく、どこまで高給になれど、最後まで「公僕」の一人であるという意識は忘れて欲しくないものだ。

センセイより高給 国会職員

年収1000万円

年収1000万円「電話番」から1200万円の「衛視」もいる

およそ10年ほどまえ、当時の大蔵省でちょっとした「異変」があった。国家公務員I種、いわゆる「大蔵官僚」としてほぼ内定を取り付けていたエリート東大生が、なんと「辞退」を申し出たのである。

「人気のない省庁では、しばしば民間に流れたり、弁護士になったりするケースはあ

るが、霞ヶ関のトップである大蔵官僚の辞退は異例。なんでもその学生は参議院に入ると聞いたが……」（財務省職員）

いったい、この選択の動機はどう解釈すればよいのか。そこでクローズアップされてくるのが「国会職員」の給与である。

「私は衆議院で働いています」という人は、あまり見ることがないが、彼ら「国会職員」というのは、特別職の国家公務員で、約4000人いる。

国会運営の事務（議員活動の補佐や委員会での質問準備）に加え、国会風景でおなじみの「速記」「衛視」なども含まれ、そのなかには運転手や、永田町にある「国会図書館」職員なども含まれる。

ここの給与がえらく高いのだ。

特別職のため、一般の国家公務員とは異なる独自の「国会職員の給与等に関する規定」に準じた給与が支払われているが、中央省庁と比べ、幹部職員の割合が多く、まさに永田町の隠れた「サンクチュアリ」だ。行政官僚のような激務でもなく、また公務員批判の矢面にたたされるストレスもない。

たとえば04年度の場合、年収2077万円という国会議員より年収の高い「国会職員」は19人いた。両院議長の3500万円を筆頭に、3040万円の国会図書館長、2540万円の副議長……（ちなみに各省庁トップの事務次官は2400万円程度）。

いくら「三権分立」の原則があるとはいえ、国会図書館に30数年勤務して、給与が3000万円になるというのは妥当なのだろうか。

国会図書館館長にいたっては、両院の事務総長(年収3000万円)OBが交互に就任することが慣例だから、まさに天国モードが長期にわたって続く確変人生としか言いようがない。

これら事務職員とは別に、「衛視」や「速記」といった専門職もある。「衛視」については、警察官などと同じ棒給表が適用されるが、もとより警察とは人数がまったく違うので、ほぼ年功序列で出世。さしたる危険もなく、高卒でも年収1200万円に到達することが可能だ。

「そもそも、国会の一歩外はすべて警視庁の年収4、500万円の警官たちが厳重に警備しているのに、衆参合わせて500人近い「衛視」が必要なのかどうか、疑問です」(ある政策秘書)

国会職員が国会運営の仕事をするのは当り前だと思うが、開会中には手厚い「国会特別手当」が年収を押し上げる。それなら、タクシー運転手にも「運転手当」がないといけないのではないだろうか。ちなみに、国会職員の運転手は、定年間際には年収1000万円をオーバーする。

勤務は、中央官庁、民間と比べれば過酷ではない。「徹夜国会が……」などと言い出す人もあろうが、閉会中はぐっと楽な勤務実態になる。

国会が開会されない時期、30代ですでに年収1000万円を超える職員たちの主要な仕事は「電話番」という話もあるほど、その厚遇ぶりは羨望の的だ。成果主義とも無縁で、転勤もなく、シッカリ高給をいただけるという意味では、まさに「大蔵官僚」以上のオイしさというのもうなずける話である。

もっとも、こうした厚遇は、本来永田町の主役である「センセイ」たちにいたく不評を買っているというのは昔からで、実際、一部の手当などが廃止されることが決まっているのだが……。

「国会議員」より高給取りの「国会職員」リスト

およその年収	国会職員	その他公務員・主要特別職
4200万円		首相、最高裁長官
3480万円	両院議長	
3000万円	国会図書館長	会計監査員長、人事院総裁、検事総長
2980万円	両院事務総長	
2900万円		宮内庁長官、公正取引委員長、内閣官房副長官
2700万円		東京高検検事長
2540万円	両院副議長	
2480万円		会計検査院検査官、人事院人事官、大臣政務官、東大学長
2470万円		首相補佐官、侍従長
2430万円	両院事務次長、両院法制局法制次長、国会図書館副館長、衆院調査局長	事務次官、国家公安委員、公正取引委員、内閣官房副長官補
2360万円	常任委員専門員（4号）	
2140万円	常任委員専門員（3号）	公害等調査委員、東宮大夫
2080万円		国会議員

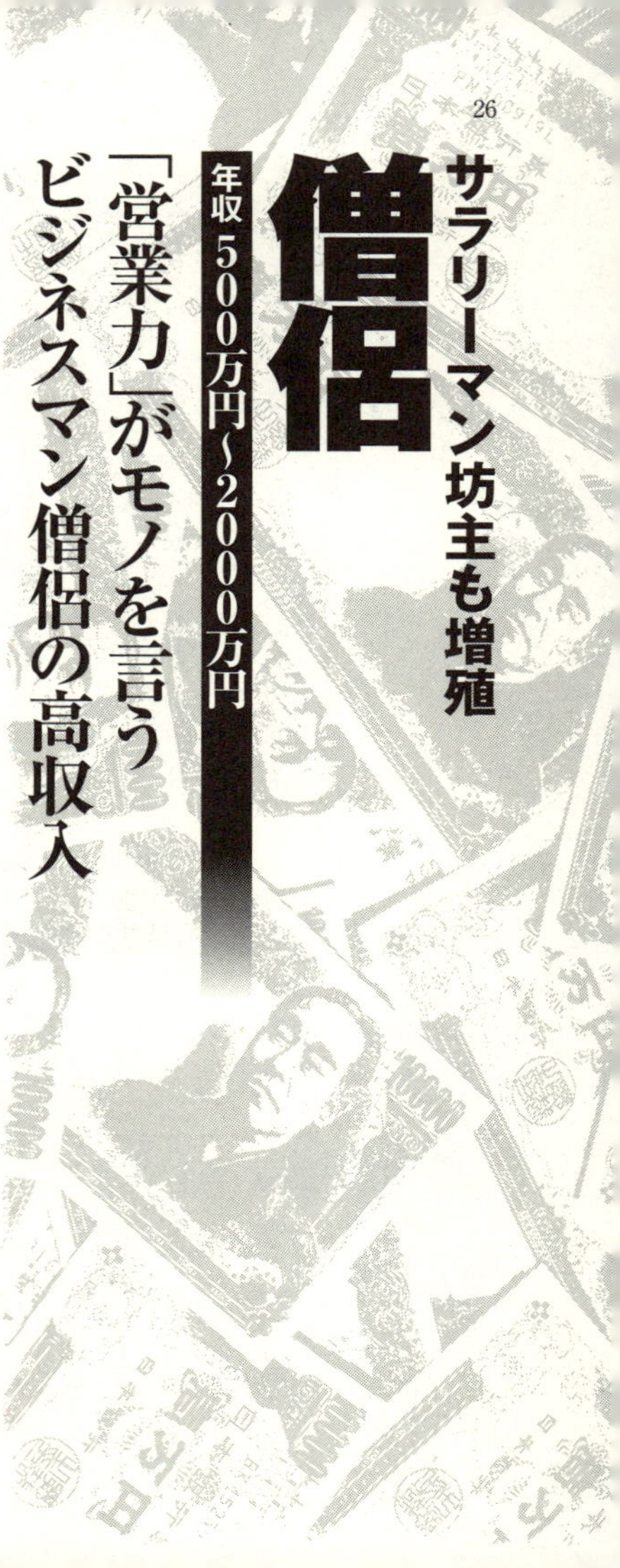

サラリーマン坊主も増殖

僧侶

年収500万円～2000万円

「営業力」がモノを言うビジネスマン僧侶の高収入

僧侶に限らず、日本では宗教団体への優遇税制があることはよく知られている。

「創価学会」や「天理教」「幸福の科学」など、一部有力な宗教団体の資金力は、いつも時の政権（いまは自公政権だが）に警戒されるほどであったし、信心のビジネスは、一般論としても「うまくやれば大儲け」できることは歴史が証明している。「坊主丸儲け」

という言葉は、そういった庶民の心象風景を表したものだ。

かつて、「カア〜ッ!!」と叫ぶバラエティ番組にも出るタレント住職がいたが、02年に逮捕されてしまった。趣味は車で、いわゆるスーパーカーを乗り回していたが、この住職は相当、僧侶のイメージをダウンさせたことだろう。

金銭という「世俗」の象徴に執着することを否定する僧侶が、法事で現金を受け取る姿は、ある意味「人生の縮図」と言えなくもない。

さて、都会に暮らしていると、葬儀や法要以外、それほどつき合いのない僧侶であるが、文化庁の統計によると、日本の仏教系僧侶の数は合計約22万人。これは、キリスト教やその他すべての宗教家の数全体の約３分の１にあたる。

一般的な僧侶は、葬儀における読経、戒名料、法事などで受け取るお布施などが、「収入」となる。

お盆のシーズンになると袈裟を着たお坊さんがタクシーや電車、ときにはスクーターに乗って移動する姿がみかけられるが、この時期はまさに年に１度の「かきいれ時」で、１日に10軒から20軒の檀家をまわり数十万円から１００万円近い身入りがある。

葬儀によばれ、読経をすると、檀家からは20万円〜50万円程度のお金がもらえるが、タイアップする葬儀業者に「キャッシュバック」したり、寺に入れる分を除けば自分の取り分はおよそ10万円程度。

割がいいのは戒名料や水子供養で、100万円を超える「仕事」になることもある。戒名は「信士」「居士」「院号」「院殿大居士」などランクで金額が変動するが、一般人の場合「下から2番目」にあたる「居士」が選ばれることが多い。このあたりは「松竹梅理論」が働いているが、「居士」の場合、30万円から50万円が相場だ。

サラリーマンの世界で言う「平社員」僧侶の平均年収は都会であれば500万円程度。宗教法人としての寺から決められた額が支払われ、僧侶個人は確定申告をし、所得税を支払う。

なんだその程度、と思われるだろうが、カラクリはまだある。

最近は妙に俗っぽかったり、ビジネス用語を駆使したりする気味の悪い僧侶・住職がいる。

こういう僧侶たちはたいてい、もともと一般社会で働いていたが、実家がお寺で後を継ぐことになったり、娘婿として僧籍に入った人が多い。こうした僧侶は、一般世間でビジネスマンとして通用するスキルを持っているから、完全に僧侶になるのではなく「副業」として昔の仕事を継続している人が多い。

効率のいい「葬儀関連」のみをこなし、他の日は「髪の毛のないビジネスマン」としてバリバリ仕事をしている人もいて、こうした「兼業僧侶」は年々増えている。

地方によくいるのは「公務員」「教師」と僧侶の兼業。ちょうどお盆のころは役所・学校も夏休みというわけで、都合がいい。副業が禁止されている公務員も、労働と見なされない僧侶はＯＫ。こうなると、かなり忙しいとはいえ年収ベースでは軽く１０００万円を超え、相当な高収入、ということになる。

僧としての出世（僧階昇進）は見込めないが、安定した高収入が保証されるというわけだ。あなたのまわりにも、なぜかツルツル頭の「デキるサラリーマン」はいないだろうか？

厳しい修行のなかにも「現世」を生きる知恵はおり込まれている（写真／共同通信社）

北海の「白い金塊」

ホタテ養殖

年収２０００万円

「ホタテ御殿」も建った現代の「ゴールドラッシュ」

酒のつまみの「定番」でもある干した「ホタテ貝柱」というのは、その重量感からするとかなり割高に思える商品だ。５粒ほど入ったものだと、最低でも３００円ほどするが、どこでも売っているから、売れ行きは堅調なのだろう。

寿司ネタや、中国料理の高級食材としても知られる「ホタテ貝」は、主に北海道・東北の冷たい海で水揚げされる。景気のいい話が少ない日本の漁村で、異例の活況を呈しているのが、この「ホタテ漁」だ。

正確に言うと、稚貝をまいて、数年後にそれを回収する、事実上の「養殖」である。00年、テレビ朝日系『ニュースステーション』(現在の『報道ステーション』)は、北海道・猿払村の「ホタテ漁」をリポートしている。

猿払村は稚内からほど近い、人口約3000人の小村だが、00年当時のリポートによれば、漁師の平均年収は約2000万円。組合員212人の漁協預金高は全国9位という驚異の「優良漁村」である。

現在でもその水準は継続しており、東北から北の漁協では、「高卒青年いきなり1000万円」という「猿払伝説」は有名だ。

猿払だけの話ではなく、ホタテ景気の漁村は多い。

同じくホタテの町として知られる北海道・常呂町でも、ここ4～5年の漁協組合員平均は2000万円台で、さらに個人でホタテを養殖し、3000万円以上の収入がある漁師も少なくない。

市町村別では水揚げ1位の青森県平内町も、近年は北海道産に押され気味だが、漁師としては破格の高収入が30年以上にわたり続いているという。

農水省の「漁業経営調査」で見ても、養殖漁業の収入トップはホタテ組で、平均年収は1500万円以上。ちなみにカキが1084万円、ブリ類が935万円で、魚を「獲る」より「育てる」ほうがいかに高収入か、よく分かる。

これだけ儲かると後継者不足の問題も少なく、また仕事自体は漁の時期以外はかなり自由で、漁師たちは遊興三昧（といっても、これだけ儲かっているのにもっぱらパチンコという人が多いらしいが）。まっこと、うらやましい。

それでは、みんなホタテを採ればいいではないか、と思われるだろうが、この高収入は真似のできない取り組みと技術の結晶であり、また高収入ゆえの厳しい「漁業権管理」のため、事実上新規参入は難しい壁ができあがっているのだ。

その昔、戦前から戦後間もない時代、オ

稚貝を海にまき、回収する手法で大成功（写真／共同通信社）

ホーツクにおいて「ニシン」「ホタテ」は獲れ放題だった。海面が見えないほどのニシンが押し寄せ、最北の地に「ニシン御殿」が立ち並んだ。

ところが、1954年(昭和29年)を境に、恐ろしいほどパッタリと魚と貝が消えてしまう。乱獲の影響は明らかだったが、その後10年間で、ニシン・ホタテ漁はほとんどなくなってしまうのである。

なかにし礼作詞・浜圭介作曲の「石狩挽歌」で「あれからニシンはどこへいったやら」と歌われたのは昭和50年のことだ。

それがなぜ復活したかというと、ひとつは「ホタテの稚貝を海にまく」という大胆な手法を編み出し、成功させた養殖技術のヒット。

そしてもうひとつは、近年の中国・香港・台湾等でのホタテ需要の高まりが背景としてある。特に香港では、ホタテと貝柱はなくてはならぬ高級食材で、根強いニーズが安定した収入を支えている。

前出の北海道・猿払村では、多数の中国人労働者が、ホタテ工場で働き、労働力不足を補っているが、彼らの月給は、およそ15万円程度だ。

ひと夏1000万円 レタス農家

年収800万円

ライバルのいない野菜農家の「勝ち組」

レタスは野菜の中でも価格変動が激しい。通常1玉100円以下で買えるが、長雨などの天候不順で打撃を受けると、とたんに400円から500円になったりする。キャベツや白菜がそこまで高騰することはほとんどない。

それでも、サラダやサンドイッチなど、広く需要があり、高くても売れるのがレタスという野菜である。

兼業農家が8割を超える現代の農業事情だが、「レタス農家」はハッキリ勝ち組の部類に分類される。

夏場においては全国の流通量の8割を占める長野県のレタス農家の場合、平均農業所得は約623万円。農家全体の平均年収約450万円と比べ、5割増しだ。

数字だけ見れば少ないと思われるかもしれないが、全国一のレタス生産量を誇る長野県川上村の場合、大規模な畑にサニーレタスやリーフ系レタス、さらに別の施設野菜も加え、本業だけで1000万円から1500万円の年収はザラ。夏は忙しいが、11月から3月はすべてが自由時間であることも見逃せない。

主人が勤め人をしている「三ちゃん系レタス農家」の場合には、年収は2000万円にもなる。

夏場のレタスは長野でしか生産できないため、自然に守られたバリアーが長野のレタス農家を守っている。レタス自体は高価な野菜ではなく、豊作であれば10キロ1箱(約15玉程度)1000円を切る。

これはキャベツの3分の2ほどの値段だ。収穫量が減れば、最大で10倍近い値段にまで跳ね上がるので、天候不順のリスクは少ない。

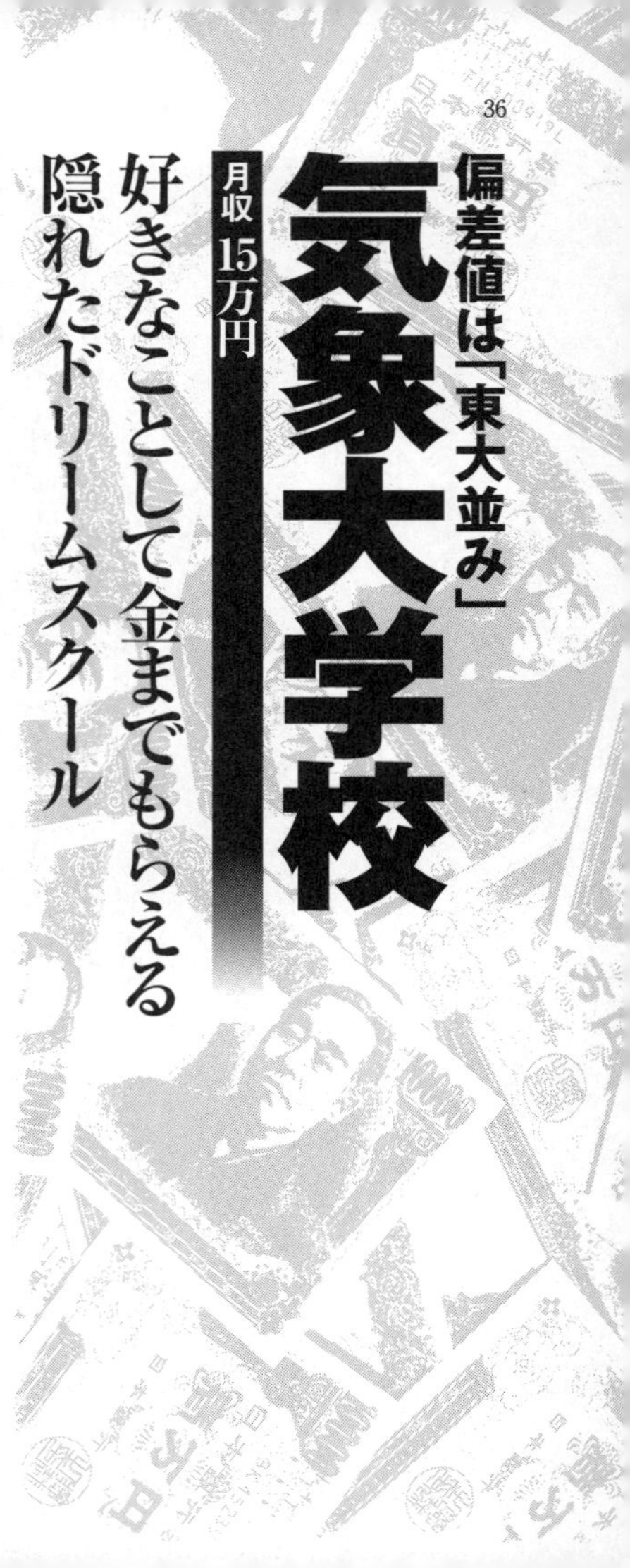

偏差値は「東大並み」

気象大学校

月収 15万円

好きなこととして金までもらえる隠れたドリームスクール

千葉県柏市にある「気象大学校」。聞きなれない名前だが、大学ではなく正式には気象庁の一組織である。

しかし、実質的には4年制大学の機能を持ち、毎年15名ほどの学生が入学する。将来の気象庁現業部門幹部を約束されており、「東大を凌ぐ受験偏差値」といわれる狭き門。実際に、東大と併願する受験者が多く、W合格したすえ、進路に迷う学生が毎年いる。

「入学」すると気象庁職員として扱われるため、この時点で入学金、授業料、寮費はタダ。しかも給与ももらえる。月額14万4000円に諸手当が付く。事実上のキャンパス生活を送って「お金までもらえる」大学はほかに防衛大、防衛医大、海上保安大があるが、偏差値の高さは突出している。

通常の都内私大に進学すれば、授業料及び生活費で200万円はゆうにかかるから、その差は大きい。

さて「卒業後」の年収だが、基本的にはキャリア官僚を指す「I種」合格者と同等の扱いになり、順調な出世と好待遇が見込まれる。民間の気象予報士はあまり金にならない資格だが、気象庁の「気象予報官」ともなれば、年収1000万円にも届く。基本は気象台など現業部門の専門家なので、本省トップの気象庁長官ポストは与えられないかかわり、僻地の気象台などで勤務すれば手厚い手当てが待っている。

そもそも出世より、観測や調査が何より好き、というムキが多いので、それも本望だろう。

実働5時間のパラダイス

給食調理員

年収800万円

8月はまるまる「仕事なし」の「入ったモン勝ち」公務員

子どものころに食べた「給食」の思い出は、大人だれしもが持つノスタルジーである。定番メニューや、その土地ならではの食材など、献立の記憶もさることながら、「給食当番」の仕事や、大鍋で調理をする「給食調理員」の姿、給食室のニオイを覚えている向きも多いだろう。

しかし、これから子供時代に聖母と崇めたあの「給食のおばさん」のイメージをぶち壊す情報を提示しなければならない。

杉並区議会議員・堀部やすし氏の公式サイトのなかに、「学校給食調理を考える」（01年）と題されたレポートが残されている。

それによれば、区の常勤給食調理員221人の平均年収は「800万円」であり、ベテランでは950万円、さらに退職金の例として2800万円が支払われたケース（1999年）が報告されている。この平均年収は採用を長期にわたって控えた結果、平均年齢が高くなっている現象と見られるが、それでも高水準である。

民間の調理士の平均年収はおよそ350万円。その差は歴然だ。

あるいは、大学を出たノンキャリ国家公務員（Ⅱ種）は、40年勤務し、課長補佐まで勤め上げて、もらえる退職金はちょうど2800万円程度だ。徹夜も休日出勤もある公務員が、これを聞けばやる気も出なくなること受けあいだろう。

東京・町田市でも、01年の給食調理員の年収が889万円だったということが、市会議員・藤田学氏（当時）の調査で分かっている（町田市の公表は750万円）。

1食あたりのコストは929円でうち780円が人件費という計算だから、強烈だ。

では、その給食調理員の仕事内容はいかなるものなのか。

前出の堀部氏のレポートに戻れば、その実態はとても800万円の仕事とは思えない。

給食提供日は中学校の場合、180日程度。年間の半分に過ぎない。

1日1食、しかもメニューは同一なので作業は楽。

嘱託の調理員の場合の年収は240万円程度で3倍以上の差。800万円といえば区の部長級の給与水準にあたる。

「研修」をしているとする60日間のうち、実際に研修があったのは2日間だけだった。

年の半分しか給食を作らず、実働は4時間半という給食調理員の給与はなぜこんなに高いのか。「組合が強い」という以上のことは書かれていないが、いずれにしても他の公務員、勤務実態をかんがみて、割の良すぎる仕事であることは間違いない。

正規雇用されている給食調理員の立場は

現在、各自治体の給食調理員は給与の安い契約職員への切り替えが進んでいる。
(写真と本文は関係ありません。写真／共同通信社)

レッキとした地方公務員である。ほとんどは女性で、調理士免許は必要だが、取得が非常に困難な資格とはいえない。

法で給与が定められた公務員である以上、一度決めたことは動かすことができない。厚遇批判を受け、(自治体の財政再建のためにも)調理員の新規雇用はすでに凍結されているところが多いが、現在、正規職員として勤務する全国の給食調理員(平均46歳)は、自ら退職しない限り、定年まで夢の生活が続くわけである。

Column

「県庁」「市役所」は地方の「最強就職先」

されど「役人天国」ニッポン

「試験勉強」で合否が決まり、一生を役所に委ねる。年功序列、倒産なし。公務員人生は、確かに甘い。ただ、考えないわけでもない。「しかし、果たしてこれで良かったのだろうか」――。

「破綻」した夕張市の夏の「ボーナス額」

メロンの産地で知られる北海道・夕張市は、06年、「財政再建団体」入りを申請した。一般企業でいうところの「倒産」である。

当然、役所のコストカットは必須。まず市長の給与50％カット（削減後月額43万円に）を皮切りに、一般職員も15％カット。職員のエレベーター使用は禁止、日中も半分の蛍光灯は消灯されている。

「まあ、あきれたさ」

と語るのは、同市に住む35歳の会社員だ。

「それでも誰も役所を退職しないでしょう。だって、今年の夏のボーナスは、平均75万円だったそうじゃない。私らボーナスなんて20万円ですよ。ここにそんなボーナス出る会社はないよ。倒産でも、やっぱり役所は役所さ！」

会社が倒産すれば、民間であればボーナスどころか強制的に「クビ」になるが、市職員は何があっても自ら希望しなければ、解雇されることはないのである。

■

公務員、特に「高級（キャリア）官僚」及び「地方公務員」は、古くからその高給、厚遇が批判のヤリ玉に挙げられ続けてきた。

メディアにとっても役所攻撃は定番テーマのひとつで、過去の資料を検索すれば、間欠的に続く「税金泥棒」系の批判を見ることができる。最近では検索サイトの「ヤフー」にも、「地方公務員の厚遇問題」というトピックスができており、連日、大量の記事がストックされている。

なかでも「高給」批判は、なかなかの質・量を誇る。

これまで「摘発」されてきたエピソードとして有名なのはたとえば次のようなものだ。

年収８００万円の通称「みどりのおばさん」

通学する児童を擁護する女性だが、江東区では朝夕実働2時間半で８００万円から１０００万円以上の年収を得ていた（01年）。

この仕事は１９５９年（昭和34年）に始まった制度で、戦争未亡人（子供あり）の雇用対策として東京都でスタートしたものとされる。

時代背景が変わっても制度が変わらなかったため、取り残された現象のひとつとも言える。

年収１０００万円の「バスレーン監視員」

05年10月４日付朝日新聞（大阪）が報道。

なんとこの仕事は77年から配置されており、朝夕の計4時間、道路脇に立ってバス専用レーンに一般車両が違法駐車しようとすると注意するという仕事だ。

大阪市交通局のバス運転手経験者70人が従事しており、実働は約5時間だった。

年収１３０３万円の「下水道管理員」

大阪市環境局が05年3月11日に公表した現場職員の給与実態。

職員１４９８人中４５４人が年収１０００万円超だった。また、建設局で31人、港湾局にも60人の「１０００万円プレーヤー」がいた。

意味不明の「手当」

地方公務員は、法律で定められる手当が27種類もある。

しかし、その内容はお手盛りだらけで、庁舎から一歩出るだけで支給される「出張手当」など非常識なものから、本来の職務であるはずの仕事に対し当然のように支給される手当（たとえば「運転手当」「窓口手当」「国会手当」「警ら手当」「救急手当」など）が多すぎることが批判されている。

もともとこうした手当は、戦後「公務員は安月給」を地でいっていた時代、民間との差を埋めるためのツールだったが、必要なくなったいまでも、一度ものごとを決めると硬直する公務員マインドにより、温存されているのが実情だ。

直近の話題としては、奈良市の「5年で出勤8日」市役所職員A氏（42歳）だろう。

A氏は1982年（昭和57年）に採用され環境清美部収集課勤務だったが、5年前より休職。

この間2700万円の給与を貰いながら、病気休暇を理由に全く仕事はせず、その割には外車を乗り回してしばしば役所に顔を出していたのだが、なんと市長も周囲も「まさか市の職員だとは思わなかった」「5年前に退職したと思っていた」というデタラメぶり。

もっともこの問題はいわゆる「同和問題」が背景として指摘されており、A氏が部落解放運動の活動家として休職中も元気に動き回っていたことや、市が発注する建設工事を、実質的な自身の会社にもっぱら斡旋していた疑惑がささやかれているのだ。

もはや同和問題を持ち出す前に、懲戒免職モノの公務員だが、京都市でも、環境局を中心にここ1年(06年当時)で13人の職員が逮捕されるなど、大荒れの様相を呈している。

民間企業であれば倒産、上場企業あれば経営陣総退陣に匹敵するできごとなのだが……。

「地方」では唯一最強の就職先「公務員」

給与の「官民格差」が広がるなか、特に地方においては公務員の恵まれた待遇がますますクローズアップされてきている。

「県庁」「市役所」といえば、有力企業のない田舎では昔もいまもエリートだ。国家公務員より給与は良く、さらに仕事の負荷は軽い。誰もが就きたい仕事だと思う。

しかし、本当に、そうした公務員の超安定に若者が憧れ、進んで公務員を目指しているかというとそうとも思えないフシがある。

06年度、国家公務員Ⅰ種試験の申込者は前年比15・6%のマイナス。同じくⅡ種、Ⅲ種もそれぞれ22・6%、19%減少している。

地方公務員も軒並み10%以上の志願者減となり、06年の採用戦線においては相当、学生人気を落としたのが他ならぬ公務員なのである。

当時は景気が回復局面にあり、民間雇用が拡大していたことに起因する一時的現象という見方もできるが、公務員という仕事に対する幻滅、失望がそこに影を落としていないとは言い切れない。

民間企業でも、いくら給与が高くても夢も働きがいもなく、不祥事ばかりおこしている会社には人材は集まらない。

ニッポンの公務員500万人の給与は、全体として今後段階的に削減されていく。これまでのようなステータスと安定が保証されなくなるとすれば、それは「給与が下がったとき」ではなく「人が集まらなくなる」ときにスイッチが入るのではないか。問題は公務員の「心の中」にある。

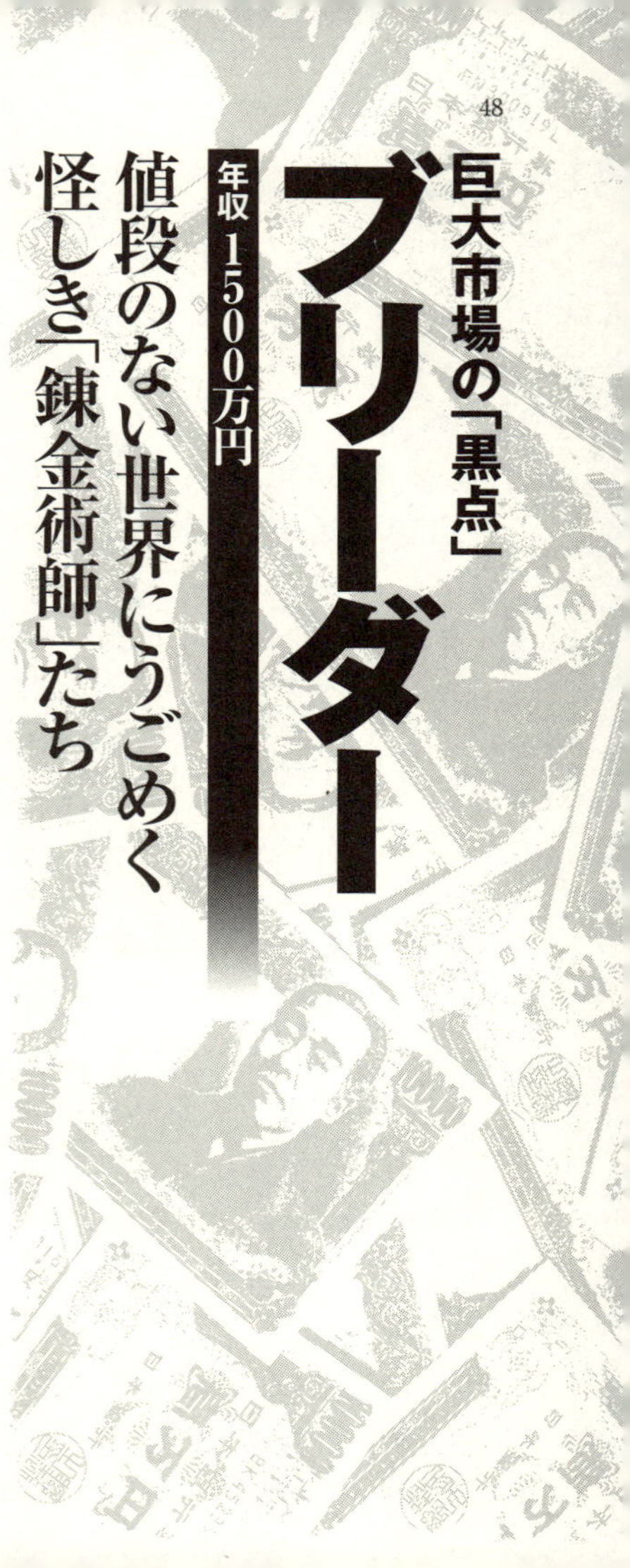

巨大市場の「黒点」

ブリーダー

年収１５００万円

値段のない世界にうごめく怪しき「錬金術師」たち

１兆円市場、１８００万頭の犬猫が飼育されているというペット王国・日本で、いまから10年ほど前、連続して起きた「愛犬家殺人事件」をご記憶だろうか。

埼玉県で起きた「愛犬家連続殺人事件」では、１９９５年に繁殖業の関根元・風間博子（元夫婦）が逮捕された（現在は死刑判決を受け上告中）。犬を薬殺する「硝酸ストリキニーネ」を人間に飲ませ、死体を解体して焼却するという手口を何度も繰り返していたのである。

関根は、ブリーダーの世界の有名人だった。表向きは「アラスカン・マラミュート」「シベリアンハスキー」を日本に普及させた先駆者として知られていたが、実は殺人鬼だった関根の逮捕によって、はからずもペット業界の闇に光が当てられる結果となったのである。

この事件では、共犯者として逮捕された志麻永幸氏が、出所後にその体験をノンフィクションにまとめて出版しており、(『愛犬家連続殺人』角川書店)自身もブルドッグのブリーダーをしていた志麻氏は、関根がいかに繁殖業で大きな利益を得ていたかを詳細に記している。

犬には決められた値段がないのをいいことに、仔犬や繁殖犬を数十万円から数百万円で売りつけ、トラブルの際にはヤクザまで出てくるという世界。そもそも、この連続殺人事件は、関根が原価数十万円というアフリカ産の犬を、1000万円で産廃処理会社社長に売りつけ、ボッタクリに気づいた社長から執拗に返済を迫られていたというのが発端。まさに「なんでもあり」の世界としか言いようがない。

ブリーダーは、血統書付きの犬を販売することで利益を得る。

ペットショップなどに卸すのが基本だが、ネット時代に入ってからは、消費者に直接販売することもある。ブリーダーがショップに卸す場合は店頭価格の半分から3分の1だが、現在はブリーダーが消費者に直接売る「直販方式」が広がってきたため、ショップ側は対抗策としてブリーダー部門を内側に抱え込んだり、生命保証などトラブルのリスクヘッジなどでサービスを競い合っている。

「アイフル」のCMで人気の出たロングコートチワワはブームの最盛期、ペットショップの店頭で1匹50万円~80万円で販売されていた。

あるペットショップ店長が語る。

「それでも飛ぶように売れました。小型犬のチワワは、1回の出産で2匹~3匹しか産まれず、量産はできないのです。ブリーダーも強気で卸値の相場は30万円~40万円にあがりましたが、近親交配などの粗製乱造も目立ち、最後はひどい状態でしたね」

交配料は、ドッグショーなどで受賞歴のあるチャンピオン犬(優良生体)であれば10万円以上はする。しかし、そうして生まれた仔犬は100万円以上でも売れるのだ。(この場合、店頭価格は300万円にも跳ね上がる)経費を差し引いても、粗利率は70%以上だ。

仮にブーム時に10匹のチワワを、うまく交配させれば、それだけでブリーダーの利益は1000万円を超す計算になる。

同じように、トイプードルであれば、5匹の出産で1回100万円から120万円の利益が見込めるという。

大きく利益を出そうとすれば、いかに旬な、人気の犬の諸権利を「押さえるか」がブリーダーの実力で、それはある種の「権利ビジネス」と言えなくもない。なりふりかまわず金に走れば、確かに儲かる。しかし、前出の店長は言う。

「ブリーダーになって誰でも大儲けできるなら苦労はない。ある意味値段のない世界だけに、秩序を乱す人間は、力によって制裁される」

それは、動物愛護団体であり、同業者の監視である。悪質な業者を排除する自浄作用は思いのほか強い。

「バックヤードブリーダーと呼ばれる素人的、ビジネス的に繁殖をする人たちは、徹底して攻撃されます。この世界は狭いので、一度レッテルを貼られるとビジネスが出来ないんですよ」(前出の店長)

また生体を扱うブリーダーは、決して楽な仕事ではない。自分自身で動物を「見る眼」が必要になるし、きめ細かい世話も必要だ。

「なにより大変なのは、愛犬家と呼ばれる人たちを接客しないといけないことです。こだわりのある人たちなので、どうしてもトラブル、クレームが発生しやすく、それらをキチンと処理できなければこの仕事は勤まらないです。面倒くさがりにとっては、多少高給でも割の合わない仕事だと思いますよ」(同)

自衛隊

幹部は30代後半で1000万円

年収８００万円

「イラク戦争」で分かった「愛国心」と「命の値段」

自衛隊の幹部は、防衛大学校出身者である。自衛官のトップ「統合幕僚議長」は、基本的に防衛大出身者が就任しているが、年収は約２４３０万円で、これは各省庁の事務次官と同額だ。

そこから、まさに「バッジ」の大きさごとに、給与も体系づけられている。今度はスタート地点からざっと紹介してみよう。

自衛隊の幹部候補生を養成する防衛大学校に入学すると、その時点で自衛隊員として扱われ、月に約11万円（共済組合掛金などが差し引かれ、実際の手取りは８万５０００円程度）が給与として支払われる。ボーナスも、年間38万円。もちろん、食費、授業料、交通費等は不要だ。卒業後の初任給は約22万円になる。

中卒後に入隊する「自衛隊生徒」はあまり知られていないかもしれない。普通の高校の教育内容に加え、専門課程もある。15歳で「３士」という立派な自衛隊員となり、月給も15万円以上が支給される。

うらやましいように感じるかもわからないが、これぐらいのオプションがなければ、危険と隣り合わせの仕事に人材は集まらないというのが現実だ。

さて、防衛大を出ると、３年目で年収は約４００万円。

「はっきり言って、この段階で５００万以上、お金が貯まります。防大時代から、衣食住にほとんどお金がかからないほか、卒業後は毎月〝定積〟という積み立て貯金が10万円近く差し引かれる。手取りは10万円を切るのですが、訓練でお金を使うヒマもあまりない。だいたい自衛隊員は、50歳を過ぎるとすぐ定年が来るので、何事も早めに考えないといけないんです。

困ることといえば、若い隊員ですから、やっぱり女性と出会いがないことですかね。

駐屯地から半径10キロ以内に風俗店があれば、だいたい、我々の御用達になっていることが多いですよ」(さる若手自衛隊員)

ここからの年収の伸びもなかなかだ。30代後半で「3佐～2佐」になれば、年収900万円。一部上場企業をしのぐ年収だ。40代で1000万円を超え、うまくいけば50代前半に総監、司令官に到達。年収は1800万円前後で「あがり」となる。

これら自衛官の給与の内訳は、「手当」による部分が大きく、危険な任務に就いている場合には、給与が跳ね上がる。

それがもっともよく分かるのが「イラク戦争」における「イラク派遣手当」。1日2万4000円という手当が給与に加算され、防衛大卒3年目程度であっても、月給は70万円オーバー。もちろん使うお金はゼロに等しいから、ドンドンお金は貯まっていく。もっとも「ではおやりなさい」と言われれば、初めて金ではないその任務の重みを実感することになるのだが。

世界各地で行なわれるPKO活動に派遣される自衛官も、給与水準は高い。なぜなら、国連職員としての給与が加算されるからで、その金額は、40歳の幹部(2佐、妻・子供2人)で月額90万円以上。もちろん本給に各種手当も出るから、3ヶ月で合わせて400万円～500万円近い収入になる。

幹部候補生でなくとも、高卒40代後半で800～900万円と、特別国家公務員である自衛官は一般的な国家公務員、地方公務員と比べ、年収、生涯賃金は２割以上高いと見られる。ただし、生活が落ち着くのは50代になってからで、肉体の負担もきつい。

05年、防衛大の中途退学者、卒業したのに民間に就職する、いわゆる「任官拒否者」は合わせて30％以上にものぼっている。

また、駐屯地に「常時」掲げられた電話番号入りの「自衛官募集」の看板は、定着率が低い自衛隊員の実態を雄弁に物語る。

給与自体は確かに恵まれているが、現代における自衛官の仕事が果たして「割に合う」仕事なのかどうかは、単純には語れそうもない。

「イラク手当」は1日2万4000円（写真／共同通信社）

60歳までいける 競艇選手

年収 2億円（トップ選手）

公営競技の頂点に迫る3億円！ 大きく稼ぐ小さな巨人たち

中央競馬と比べ、マイナーな公営ギャンブルと言えるのが競輪・競艇・オートレース。しかし選手の収入面で言えば、最も高額なのが「競艇選手」である。

約1500人の選手（うち女子選手が約130人）のうち、ここ数年の年間賞金トップを見ると毎年2億円～2億8000万円の賞金を稼ぎ出している。また「1億円プレーヤー」も毎年10名以上出る。

ちなみにJRAの不動の大スター武豊でも、年収は毎年約2億円だ。

高収入を支えるのは「SG」と呼ばれる年8回のグレードレース（1着賞金4000万円）で、なかでも特筆すべきは12月23日前後に開催される「賞金王決定戦」（SG）だ。このレースだけは1着賞金が1億円という、公営ギャンブルの賞金最高額が設定されている。

第1回に開催されたのは1986年（昭和61年）のことで賞金は3000万円だったが、それでも当時のプロスポーツの最高賞金額として話題になった。

知名度とイメージでマイナーな競艇界は「賞金が高い」ことをアピールすることで、競馬に対抗してきた歴史がある。その後年々上昇した賞金王決定戦の優勝賞金が、現在の1億円になったのは1997年（平成9年）のことである。

1年間かけて稼いできた金額に匹敵する賞金が、たった1レース（1800メートル、約1分50秒）で稼げてしまうというのだから、ある意味残酷なレースだ。実際、この「1億円」をゲットした選手が、ほぼ毎年、その年の獲得賞金ランキング1位になる。

さて、競艇選手の旨みは、トップの収入の高さよりも、中堅から下位の選手でも、年収が高く、さらに選手生命が長いという点にある。

昨年まで、約1500人の全選手の平均年収は「約2000万円」と言われていた。今年は賞金額の削減からその数字は1600万円前後に下がりそうだが、それでも、サラリーマンから見れば、夢のような数字である(06年当時)。

競艇選手は4段階のグレード(A1、A2、B1、B2)に分類され、下位の実力の選手は「一般戦」と呼ばれる賞金額の低いレースに出場する。その優勝賞金は約60万円～80万円だが、優勝しなくとも、1開催(4日間～6日間)で10レースほど出走すれば、予選道中でも賞金に加え規定の出走手当てが支払われるため、30万円～50万円は稼げる。

競艇選手が年間に出走する回数は平均で200走～250走。よっぽど弱い選手でなければ、1000万円は確実に超えてくるのだ。

ところで、競艇は毎開催抽選で割り当てられるモーターボートのエンジンの良し悪しと、自ら整備するプロペラの出来が成績に大きく関係してくる。

これは、トシをとって若い選手のようなターンスピードがなくなっても(競艇選手の最盛期は20代後半から30代)、技量とテクニックがあれば善戦できることを意味しており、たとえば、艇界最長老の加藤峻二選手(64)は、いまなお上から2番目の「A2」にランクされる(06年当時・現在は「B1」)。

その他にも、50代で若手に混じり第一線で活躍する選手はごく普通におり、そういう意味で筋力がモノをいう競輪より選手寿命ははるかに長くなるのだ。

では、そんな競艇選手になりたい、と思うだろうが、それはあまり簡単じゃない。なんと合格率は3％。また体が大きかったり体重が重かったり目が悪いと競艇選手にはなれないのだ。

競艇選手の応募資格は、男子で170センチ以下、47キロ以上～55キロ以下。女子で42キロ以上50キロ以下。さらに、矯正せず裸眼で両眼とも0・8以上ないといけない。視力矯正手術も認められない。

ちなみに以前まで応募資格は165センチ以下だったため、40代以上の選手はみな小柄だ。大相撲の新弟子検査では体の大きさで「足切り」があるがここではその逆である。

試験は2次にわたって行なわれるが、合格率は3％という狭き門。晴れて合格する約20名の選手（1年に2回）も「一発合格」は少なく、苦節7回、8回という選手もいるのだ。やはり運動神経と、教養、人間性が重視される。

公営ギャンブルに不正は禁物のため、反社会的な素行が見えたりすれば、確実にアウトだ。素質のある選手はデビュー2、3年目で第一線まで上がってきて、20代で5000万円～1億円プレーヤーの仲間入りをすることになる。

Column

御三家は「貸金」「フーゾク」「病院」

国税庁「脱税ランキング」10年史に見る「濡れ手に粟」の職業の実態

ガッチリと源泉徴収されるサラリーマンたちが支える、「納税しない人たち」の密かな生活。見かけの収入との乖離が激しい彼らの「ほんとうの収入」とは――。

「自営業者」たちはいくら脱税しているのか

個人が経営する飲食店などでアルバイトした経験を持つ人は、「バイト料」を現金で貰うケースが多いはずだ。

そんなとき、少し経済に敏感な人なら、次のような疑問を持たれたことがあるに違いない。

「この調子では、税務署も、お店がいくら儲けたのか、ぜったい分からないよなあ」

なんせ、お客さんのほとんどは「領収書をくれ」などと言わない。バイト代も現金で渡され、書類のやりとりなどは全くない。

たとえばあるお寿司屋さんが、その日20万円を売り上げていても「10万円しか売り上げがない！」と言えば、これは誰も証明のしようがないではないか？。

もちろん、そうなのである。有無を言わせず勝手に税金を「天引き」されてしまう勤め人とは異なり、自営業者たちは多かれ少なかれ、いくつかの手法で「脱税」しており、その部分が、彼らの見えない「のりしろ」なのだ。だから、サラリーマンの年収３００万円と、自営業者の年収３００万円はちょっと意味が違う。

■

62ページに掲げた表は、国税庁が発表している、「職種別」脱税ランキング10年の推移である。

ここに出てくる職業というのは、現金のやりとりが多かったりする特徴を持つ。つまり、税務署に捕捉されにくい「隠し利益」が発生しやすい業種なのだ。

かつて、この種のランキングで常にチャンピオンの座を譲らなかったのは「パチンコ店」であった。

オールドファンならご存知のように、カード式の、いわゆる「ＣＲ機」が登場する以

平成8年～17年・職種別脱税ランキング

	平成8事務年度		平成9事務年度	
	業種目1件当たり申告漏れ所得金額(万円)		業種目1件当たり申告漏れ所得金額(万円)	
1	パチンコ	3,602	貸金業	3,312
2	病院	2,506	風俗業	2,970
3	貸金業	2,467	病院	1,881
4	農産物等集荷業	1,387	土砂販売業	1,196
5	土地売買業	1,383	葬儀業	1,131
	平成10事務年度		平成11事務年度	
	業種目1件当たり申告漏れ所得金額(万円)		業種目1件当たり申告漏れ所得金額(万円)	
1	風俗業	3,206	貸金業	3,884
2	貸金業	3,043	風俗業	2,601
3	病院	1,743	病院	1,780
4	くず金卸売業	1,446	人材派遣業	1,333
5	土砂販売業	1,431	葬儀業	1,120
	平成12事務年度		平成13事務年度	
	業種目1件当たり申告漏れ所得金額(万円)		業種目1件当たり申告漏れ所得金額(万円)	
1	パチンコ	6,899	貸金業	3,505
2	建売業	2,925	風俗業	2,130
3	貸金業	2,870	病院	2,061
4	風俗業	2,287	くず金卸売業	1,817
5	病院	2,170	スナック	1,532
	平成14事務年度		平成15事務年度	
	業種目1件当たり申告漏れ所得金額(万円)		業種目1件当たり申告漏れ所得金額(万円)	
1	貸金業	3,093	貸金業	2,787
2	風俗業	2,261	風俗業	2,297
3	病院	1,653	病院	2,138
4	バー	1,256	バー	1,548
5	焼肉	1,159	養豚業	1,362
	平成16事務年度		平成17事務年度	
	業種目1件当たり申告漏れ所得金額(万円)		業種目1件当たり申告漏れ所得金額(万円)	
1	貸金業	4,329	貸金業	3,407
2	キャバレー	2,512	風俗業	2,497
3	風俗業	2,166	病院	2,370
4	商品販売外交	1,505	キャバレー	2,095
5	病院	1,344	バー	1,404

前は、店内はすべて「現金経済」で統一されていた。

玉を借りる際には、そのつど両替した100円玉を台間のサンドに入れる。オンラインのシステムは普及していなかったから、店側が「今日の売り上げは2000万円でした」と言えば、本当は5000万円でもそれが通っていたのである。だから、昭和の時代の新聞記事には、「パチンコ店、巨額脱税」「北朝鮮に不正送金」などといった記事が、しばしば見受けられた。

それが、この「ランキング」では平成12年を最後に「パチンコ」が消えている。なぜかといえば、調査件数が減ったため、比較の対象としてあげるのは不適という理由で入っていないだけで、実態はおそらくいまだに「隠れ1位」であるというのが、関係者の認識だ。

さて、その他の業種を見ると、常連とも言えるのが「貸金業」「風俗」そして「病院」である。

これらに共通していることは、まず「仕入れ」があまりなく「現金のやりとり」が多い。そして、値段や相場があまりない、という点だ。ちらほら見える「葬儀業」「くず鉄卸売り」「キャバレー」などを見ても、その傾向は強い。

「貸金業」の脱税では、上場している大手消費者金融より、中小の街の貸金業が多い。これは、不法な利息で儲けているというより、いわゆる「つまみ申告」という、一部の利益しか申告しない手法によるもの。ひどい場合には、利益の1、2割程度しか申告せず、ほとんどノータックスのビジネスと化していた業者もあるから、これでは儲かるのも当り前だ。

「風俗業」も、金の流れを捕捉しにくいことでは同じだ。

たとえば、ソープランドでは、個室の中で数万円の現金を客が女性に渡すというシステムがある。しかし、これはタテマエ上ないことになっている経済行為で、これだけでもいかに大きなブラックボックスが横たわっているかわかる。

高級店の売れっ子フーゾク嬢ともなれば、年収は2000万円にも届くという。それはすべて現金日払いで支払われるが、強者はまったく確定申告もせず「無職」を装う。そのかわり現金は預金できないというが……。

そもそも、その日に何人の客が来て、売り上げがいくらあったのか、など確かめようがない。

この業界については、マルサよりも、警察による「摘発」という圧力と、同業者たちの背後にある緊張関係で、度を越した荒稼ぎができないようなシステムが作り上げられている。

「病院」について、脱税でよく騒がれるのは個人経営の医院、それも「形成外科」や「産婦人科」などの摘発が多い。

これはどういうことかというと、保険の利かない自由診療（たとえば整形、豊胸、不妊治療など）に従事しているとその診察料は事実上、病院側の言い値となってしまうのだ。

そのうえ、古くからの心づけの慣習（現金による医師への謝礼）や、薬局との談合などが脱税の温床として指摘される。

また、ここには出てこないが、寺社や僧侶も、脱税額は大きいとされる。賽銭や寄付、さまざまな収入が現金で入ってくることの多い世界は、ある意味でバーやキャバレーなどの飲食業に通ずるものがある。

税務署のマークもそれほど厳しくないから、しばしば、信じられないような「悪徳坊主」のニュースが報じられるのだ。

それにしても、汗水足らして働くサラリーマン、公務員に大きな「脱税」は無縁の話。「お前たちを食わせるために働いてるんじゃない！」と文句のひと言もいいたくなるのだが……。

特別読物「スーパー田舎暮らし」！　豪農のかくされた生活

「南の島」の大金持ち

鹿児島県沖永良部島《おきのえらぶじま》……「切花」栽培で年収1億円！　〝黄金の島〟ドリームレポート

写真・文＝加藤庸二

観光依存なしでもOK奄美の中の優等生

鹿児島空港から小型プロペラ機に乗り換え、桜島や屋久島を眺めながら南下すること1時間とちょっと。奄美の島々伝いに洋上飛行が続きやがて沖縄でも見えるか…、と思い始めるあたりで飛行機はゆっくりと高度を下げ始める。

窓から見えていた紺碧の海原にやがて島がはっきりととらえることができた。

島の外れにある滑走路に滑り込んで行く機体の窓からは、緩斜面に広がる石垣やソテツで区切られた赤土の農地、緑のサトウキビ畑、白っぽい栽培ハウスのような建物があちこちに見え、やがて緑と赤土の畑が視界いっぱいになる。

機体に付く脚がキュッと音をたて、確実にこの島に着陸したことを告げる軽い衝撃とプロペラ音を残して沖永良部島に到着した。

ここが今回のお話の舞台、面積約93平方㎞、島の周囲約56㎞、人口１万５０００人の島である。

■

九州本土の薩摩半島から南西に３００㎞離れている奄美大島から、沖縄本島までの間に点在する８島が「奄美諸島」と呼ばれる島だ。

どの島も亜熱帯の自然の美しさで満ちあふれ——それは濁りのない透明な海であったり、人を容易に立ち入らせない山の中の自然・稀少動植物といったものを今も伝え残す——南方の原郷といった感を想わせる。

都会人の自然回帰志向を引き受ける場所として、奄美はその〝島の美しさ〟という自然資本を活かして観光に力を入れてきた。かつて昭和40年代にあった離島ブームのさきがけとなった与論島などは全国の島でも先駆的な役割を果たした観光の島だ。

観光とサトウキビは奄美の経済のもっとも基本的なパラダイムだが、観光に重点を置きサトウキビ農業で成り立たせるか、サトウキビを中心に畜産兼業で成り立たせるかということで、奄美諸島の経済は何十年も前からそのあたりを行ったり来たりし続けている。

しかしそんな奄美の島々の中で、昔から観光に依存しない島がある。それが沖永良部島である。そもそもこの島を目指してやってきたのは、その観光に迎合しない一徹の正体を探ることが目的なのだ。とかく〝まあまあ、なんとかなるサ〟が幅を利かす南の島の風潮の中にあって、きりっとした経済の読みが島全体を引き締めているような、そんな優等生ぶりがうかがえるところに興味を持ったからである。

東京から沖永良部島への直行便飛行機はない。鹿児島乗り換えだ。かなり安いチケット購入をしたとしても、東京から鹿児島までの航空賃は2万3800円（平成18年11月、特便割引7適用で）、鹿児島から沖永良部島までは2万3960円（往復割引適用で）、〆て片道合計は4万7760円。東京からの往復航空代はなんと9万5520円。沖縄往復どころかはるかハワイの先まで行ける金額である。

特に鹿児島・沖永良部島間は団体ツアーも競合航空会社もなく、したがって格安チケットも出てこないという路線なのだ。しかし、それでも島からは大した文句は出ない。それもそのはずだ、そんなケチくさい足代などを蹴飛ばすほど島の大地は稼ぐことができるのである。

仕事が終われば毎晩「うまい酒」

和泊町役場経済課の重信さんが空港で迎えてくれた。車に乗り込みながら「どうですか、暖かいでしょう」とあいさつ言葉をもらい、汗を拭き拭き私は、重信さんでどれぐらいの年収をもらうのかと聞き返すと、「まあまあ、それはあとで…」とみごとにかわされる。

これから訪ねるのは大豊花卉園芸組合、代表の大山茂豊さん（48歳）。大規模な花卉栽培をおこないこの島の基幹産業である農業を牽引する男である。

伝え聞く話では島酒の飲みっぷりも豪快で、自宅横にある作業場の事務所は仕事が終われば夜な夜な宴会場に変わるとか。いずれにせよ人をひきつける魅力のある男とだれもがいうのだ。慎重に運転する車は緩い坂を上り、高い天井の選花場の前に着いた。ここが切った花を選り分けて箱に入れたりして出荷する選花場である。

重信さんが主を探しに行っている間に中に入ってみた。高い天井の下、その中空に設置されているのはオーディオマニア垂涎のＪＢＬスピーカーである。１台数十万円が四隅にひとつずつ、なんと贅沢な。作業をしながら音楽を楽しむにしては凄すぎるシロモノなのだ。一体どんな人物か……、とまもなく現れたのはスポーツ刈りのよく日焼けした男であった。

「我慢して我慢して、夜遅くまで作業して、…そういうのいやなんだよ。機械を入れてしっかりと設備を整え、そりゃ投資は大変だけど、1年待つより1年先へ入れたほうが早く元を取れるだろ。後に回るより先に攻めるというのが自分の考え方だな」

と、開口一番から自分流の花卉栽培の理論展開が始まる。よどみなく語られる話はやはり先手必勝のやり手である。

学校を出てから大工、重機オペレーターといろいろ仕事をした大山さんが本格的な花卉栽培を始めようと思ったのは、初めて資金調達をしてグラジオラス栽培をやり、1年の締めをしてみたら球根代を差し引いても90万円ほどの儲けが出たときだった。

「まさに最初は賭けだったね。マイナスになってたらとっくにやめていたよ」

という大山さんだが、その後、サトウキビの刈り取り後の畑にグラジオラスを植えることにより、それが160万円になり、投資を倍倍で増やして儲けも600万円、1000万円と順調に伸びていったのだ。

ただ、単に資本投下する額を大きくすることだけで儲けの数字が伸びてきたのではないことは、彼の話を聞いていると歴然である。

「10日間で3000万円」の売り上げを記録したことも

沖永良部島の大きな出荷組合には所属しない大山さんは、たとえば個人として年2、

3回、切花の市場に売りに出向く。

ワゴン車をフェリーに乗せて鹿児島本土に出かけ、車に寝泊りしながら市場を歩き売買の契約を取り付け、また他地域の花卉生産農家の情報を集めてくるのである。

来年、再来年にどういう花が売れそうなのか、どんなものを求めているのか市況を読み、また出荷量なども決めたりする大事な仕事をこうしておこなうのである。大きな組合に入っていればまさに組合任せのところを、自分で身体を張って稼ぎ出す努力をしているのだ。

また、大工で生計をたてていたこともある大山さんは建物を造ることなどお茶の子さいさいだ。その技術を活かして、それまで露地植えで栽培されていた花卉を覆うための〝平張り〟と呼ぶ細かいネット・ハウスを造りその中で花を栽培できるようにしたのである。

この平張りの中は風の力を完璧に軽減するのだ。台風銀座と異名

沖永良部の花卉栽培を牽引する男、大山茂豊さん。

をとる奄美の島々では、いかに台風被害から農産物を守るかというのが大きなテーマだが、この平張りはそこそこの台風なら被害はまったく無く、風速50mを超えるほどでも6、7割の花卉は生き残るだろうといわれる。

さらにこの平張りは、菊栽培などにとって最大の敵である虫の侵入を阻止するのに効果絶大なのだ。

そしてこのおかげで、今まで栽培に100日かかったものが80日に、そして年間700万円かかっていた消毒代が200万円も節約できたというのだ。300坪の平張りは100万円ほどの材料代でできるというから、これによって向上する花卉の歩留まりを考えればじゅうぶん見合うものだろう。

ところで、単刀直入にどれぐらい儲かっているのか聞いてみた。

「過去ね、数年前かな。彼岸に向けて10日間で出荷した小菊が70万本。1本単価が48円だったね。その年は産地の沖縄の出来が悪かったから」

ということは、48円×70万本＝3360万円。なんと、わずか10日間の出荷で3000万を超える儲けを得たのだ。育てる日数はかかっているのはわかるが、凄い。

「一輪菊」で勝負し来年は3億円を目指す

かつて日本の銀行が「護送船団方式」で守られていたように、国内の花卉生産地は組合も市場も馴れ合い的な中で、いつもの方法で毎度同じものを供給していくことを主としながら全体としては推移しているのだが、大山さんの独創的な発想とたゆまぬ勉強、そしてなによりもそのバイタリティあふれる行動力は、切花という商品にさらなる付加価値を生み出す原動力となっているのだ。そして確実に儲けを出している。

「今年の勝負は一輪菊。外国との競合もないし、絶対いける。平張り見るかい」

と外の平張りに誘い出された。

一輪菊というのは一本すっと伸びた菊の頂点にひとつだけ花を咲かせたものである。こういう一輪咲きにするためには、側枝を摘み取る〝芽かき〟を施す。指で伸びかけている側枝をポロリポロリと落としていくのだ。この作業が1本5円。1本の手間賃としてはかかるが、やがてそれは高級な一輪菊に化けるのだ。国内の競合も心配ない。年末出荷にするための暖房設備のハウス栽培では油コストがかかりまったく見合わないので競合はあり得ないのだ。暖かい奄美の島という利点を活かした菊作りというわけだ。

コンスタントに年間1億円は稼ぎ出している大山さんだが、ここのところにきて今年の一輪菊に懸ける思いと期待はでかい。

「年末までに台風や突発的なことがなく順調に育てきれれば、来年は3億かな(笑)」

補足して冗談だよとはいっていたが、この人に関しては実現してしまうだろうと当たり前に思えてくるのだ。

弁当屋とパチンコ店の意外な盛況ぶり

農業を基幹産業とする沖永良部島の元はというと、「エラブユリ」を代表とする球根を作るための栽培農業であった。

エラブユリの始祖、それは1898年にさかのぼる。

イギリスのアイザック・バンティングというユリ商人を乗せた船が沖永良部島の沖合で難破し、島の人々が救助したことから始まる。ケガが癒えると彼は島内を歩き野生のユリがあることを発見する。品質もよく、それをたいそう気に入った彼は、やがていつかそれを買い取りに来るので育てておくようにと島びとに言い残して本国へ帰っていく。

1本5円の手間賃でひとり1日1000本で5000円。一輪菊の平張りは金を生み出す場所だ。

2年後に来島したとき、そのユリが破格の高値で取引されたことから、島で本格的にユリ栽培がおこなわれるようになったのだ。海岸部の石灰岩が風化した弱アルカリの赤土の畑では品質のよいエラブユリがよく育ち、それは輸出されて世界的に認められた。

「エラブの畑で作られる球根はバラけないで球がしっかりと締まっているから、どこのものより品質がいいんです」

と経済課長の菅村さんはいう。その後、よその国も品質改良をおこなったりしてしだいに良いものを作れるようになり、安いものが出回ってやがてエラブユリは市場から後退を余儀なくされていく。しかし、ユリ以外にもフリージアなど球根は盛んに沖永良部島で作られた。

ざっと、そういう変遷を経て、この島は日本有数の球根の島・花卉の島として知られるところとなったのだ。

だからこの島は奄美諸島の中にあって、観光にはほとんど依存していない。飛行機に乗り合わせる人間は島びとの旅行は別にして、ほぼ全員がビジネススーツや工事関連の、いわゆる仕事の人々である。農業関連の視察も多いと聞く。

島に2つある和泊町と知名町を歩いても、観光客を誘うみやげ物屋や郷土料理の店などはなかなか見つからない。それよりも目立つのは大通りに面して建つパチンコ店と随所にある弁当屋である。それからもうひとつ、魚屋も多い。

これらの店はいずれも農業の島・沖永良部の現在を象徴しているといってもよい。サトウキビ、花卉栽培、野菜類の畑仕事。これらの農業は家族でおこなう小規模なもので、お父さんとお母さんの2人でという単位が一番ポピュラーだ。それで弁当屋が必要なのである。ご飯の仕度と農作業を同時にやるのは無理で、そこはちゃんと分業しないとお母さんも身体がもたない。お昼ご飯は弁当屋にまかせるのだ。

そういう農家が多いから弁当屋も繁盛してその競争もなかなかなものである。弁当の内容もたとえば500円も出すと東京の標準的な弁当屋の質・量とも倍ぐらいのものが入っている。町の人に聞くと、旨いことは旨いのだが、子供たちに人気のから揚げなどを与えすぎて肥満の子が増えているので心配だという意見も多い。

島にパチンコ店は6軒もある。パチンコは農業も漁業も時間が空けばよく行く島の娯楽の場所だ。製糖工場が稼動する冬場以外はサトウキビ農業の人々は時間がたっぷりとあり、パチンコ店によく通う。海がシケて漁に出られないときには漁師たちもよくやって来る。花卉栽培農家がたっぷりと金を使ってくれるので何軒ものパチンコ店が成り立っているのかもしれない。なんでも和泊町にある大きなパチンコ店のオーナーは儲けたお金で、本土の佐賀県に4店舗も支店を出しているという。島のパチンコ店は儲かるし、支店につぎ込む金もまたたくさんあるのだ。

朝の和泊漁港ではセリがおこなわれる。近海で揚がったシビ(キハダマグロの子)やブダイ、シイラなどがセリにかかる。獲れている数に対して買付けする業者の数の多いこと。小売店や宿泊施設の仕入れ人たちだ。これは小規模漁業者が高齢化して少なくなってきているうえに、規模の大きな漁業者がいないからで、島の食卓に向けた魚市場はまだまだ量を欲しいというのがセリの側にもありありと見てとれる。

したがってセリ落とされる値段も他の島の魚価より高い。それでもどんどん売れるのだ。沖永良部島は漁業ではなくまちがいなく農業の島のようである。

「仏手柑《ぶしゅかん》」への夢　建設屋が農業に転換

知名町に「元栄《もとえい》建設」という会社があるから行ってごらんなさい、ユニークな社長さんがいるから……、といわれるままに訪ねてみる。

道路端にでかでかと看板でも掲げて建っている会社かと思いきや、ひっそりとした住宅近くの集会所前にその事務所はあった。入り口に掛かる社名プレートには『南国太陽農産有限会社』と書いてある。従業員20名、社長は元栄貞夫さん(52歳)である。

「もう公共事業はだめです」

あいさつの後、応接のソファーに身体を沈めた社長は、最初にそう言った。港も道路もすっかりよくなった島ではこれ以上の建設工事は望むべくもない。仕事が先細っていく中で、特に4月から6月は仕事がまったく無くなり休業状態がここ近年続いた。会社は厳しい。しかし社員は食わしていかねばならない。心中暗澹たる中で社長が考え出したのは農業への転換であった。

この島は花卉栽培とサトウキビの島である。花卉が忙しくなるのは花によっても違うが暮れに向けての時期や彼岸の春先だ。サトウキビは収穫期の1月から3月まで。しかしこの時期には建設の仕事がある。仕事が無い4月から6月の間を稼ぎ出す仕事を探すのだ、と考えた社長は、『アグリ・ビジネス』という会で情報を集めて勉強し、インド原産の「仏手柑《ぶしゅかん》」という柑橘に行き当たったのだった。

仏手柑は2月に花が咲いて4月から6月に収穫できる。この珍しい柑橘にさらに付加価値を付けるのだという思いで作り出したのが〝仏手柑の漬物〟だ。醤油で漬け込んだ柑橘は不思議な味と香りを醸しだして、試食する人たちを唸らせる。私も食べてみたがなんともフルーティでおいしい漬物である。

大きな仕事の転換期に知恵を絞り、建設業から農業に転換して幅を広げた元栄貞夫さん。8ヘクタールの敷地に4000本の仏手柑を植え、07年秋の全国展開に向けて今、商品化への最後のステップを踏んでいるところだ。

島野菜を作って3000万を掘り起こす

〝ほおらしゃ市〟。沖永良部の言葉で「ほおらしゃ」とは「うれしい」という意味。空港からほど近い国頭地区にこのほうらしゃ市はある。

地元の農産物、特にその時期に採れる野菜類が並ぶ直売所だ。都市近郊によくある道の駅・地場産品直売所の小さいものと思えばよいだろう。店には次から次へと地元の婆ちゃんたちがやって来ては、採りたての赤ウリやニラ、ピーマン、カボチャなどを買っていく。どれもがたいてい100円と安い。

代表者はお出かけ中なので店をあずかる通村《みちむら》さとみさんに話を聞いてみると、ほおらしゃ市のスタートは4年前で、その始まりは小さな無人売店だったという。

それまでここ国頭地区は花作り一辺倒だった。花作りにはどうしても消毒薬などを使うということが気にかかるといったこともあり、有志が率先して減農薬、無農薬の野菜作りに励むようになったというのだ。昨年から常時人がいる売店となった。ほおらしゃ市のメンバーは現在25名。肥料は和泊町の実験農場が作り出す〝ボカシ肥料〟という有機質肥料を使い、作る土地も肥料も作る人も食べる人も、すべて沖永良部島の中で循環するようにしたのだ。

どうですか、売上、収入はだいじょうぶですかと通村さんに聞くと、「昨年の年間売上は1700万円ですね、やれてますよ」とにこやかだ。売上の15％が管理費として運営側に入り、あとは25名の生産者にそれぞれ分配される。生産者1人あたりの平均は約60万円である。サトウキビ、花卉などをおこなう兼業農家や、楽しみでの野菜作りという副業であるならばじゅうぶんに見合う金額である。

和泊町にもうひとつある農産物直売所〝ゆうゆう市〟の年間売上を合わせると約3000万円にもなる。〝花卉で儲けて野菜は島外から輸入〟という図式を書き替えつつある島の野菜作りと直売所。それまでは黙って島外に出ていった島の金3000万円を、島びとの中で循環するようにしたのはアッパレである。

■

世界的に日本のユリのステータスを確立した〝エラブユリ〟。この球根作りを通して発展してきた沖永良部島の花卉栽培農業と従来の農業は、時代とともに少しずつかたちを変えながらそれでも日本の新しい農業に君臨し続ける。それは常に新しい花卉栽培に情熱を燃やす大山さんや、道路・港湾建設から柑橘栽培に転じた元栄さん、島野菜作りから販売をネットワークし食育という面からも島の味を残し伝えていくというカルチャーを興しつつある通村さんたちの力によるものだろう。

島は元気だ。みんな食えている。この南の島から、これからの日本の農業の新しい姿が少し見えてきたような気がするのだ。

第2章 なぜ成り立つのか？“サオダケ・ワールド”

ニッポンの七不思議

稲作農家

年収400万円

農業所得100万円以下でどうやって暮らすのか？

食糧の自給率がまことに低い日本において、コメに関してはその96％近くが国内で生産されている。

しかし、農業というものをまったく知らない都市のサラリーマンにとっては、いったいコメ農家というものが職業としてどれほど割に合うものなのか、想像がつきにくい。

不思議なのは、年に1度しか収穫の出来ないコメだけを作っていても、それほど儲からないのではないか？　という点だ。

結論を言ってしまえば、そのとおり、儲からない。現状、コメの粗利だけで食えている稲作専業農家など、無いに等しいと思っていい。

まず、コメ専従農家の平均農業所得は、39万円（04年）である。とれたコメ（小豆等含む）が177万円。そこから経費138万円を引いた額がそれだ。ほとんど、儲けになっていない。

この数字は、作況により変動が大きいが（豊作のほうが所得が下がることも普通）、地域差も大きい。

たとえば北海道の稲作農家の本業の農業所得は286万円（作付け面積平均7・7ヘクタール）と高いが、東北や北陸などでは70万円～100万円程度と、100万円を切るところも多い。もちろん赤字のところもあり、平均としてそうなる。

一般に経営規模が大きいほど効率は良くなり、大規模な稲作農家であれば、とれた作物の4割が農業所得になる。200万円しかコメが取れなければ利益は50万円しか出ないが、2000万円分、コメの収穫があれば、利益は800万円になる。ただそういう農業は一からはじめられるようなものではない。

平均で177万円しか作物ができなくて、どうやって暮らしているのか。当然、そうした疑問がでてくる。

これを補填しているのは「年金」と「農外収入」そして「補助金」なのである。これらを合わせた所得で、コメ農家の平均所得はやっと493万円になるのだ。

農外収入は主にパートや勤め人の主人が稼ぐ金で200万円～300万円。また補助金・共済金は地域と作況によって違うが、大きく米価が下がったときでも100万円～200万円だから、農業で赤字にならない程度、というほどの意味合いでしかない。

結局、農業ではほとんど利益が出ていないわけだから、「コメ作りは仕方なくやっており、実際は補助金・農外収入頼み」という農家がいかに多いかということである。65歳以上の農業者は全体の30％以上で、農業従事者の年金への依存率はこれからも高まるだろう。

昭和40年代以降、政府は減反と転作を進めるために莫大な補助金・奨励金を農家に与え、それは「遊んで暮らせる農家像」を産み出しもしたが、もはやばらまきの時代は終わっている。

現在は「米政策改革大綱」に沿った補助金給付の「選別」が進んでおり、一定以上の耕作面積を持つ大規模農家に限った農業安定のための助成が基本方針なので、中小の農家がコメで食っていける時代ではない。

これからは自由競争の時代ということになるが、そこで農家と関係者が常に考えているのが「ブランド戦略」だ。

たとえば石川県羽咋（はくい）市の「神子原米」は、05年のクリスマスに、バチカン大使館を通じローマ法王に届けられた。神子原町という「地名」を活かしたネーミングで「ローマ法王に献上する」というアイデアを思いつき、これが話題になり大ヒット。前年比2・8倍の農業所得に結び付けた。

コシヒカリのような、味の裏づけ、歴史が無くとも、アイデアで勝負していくことが十分有効だということを証明したのである。

中小の稲作農家はあと10年で消える？

なぜ「銀座」に多いのか
画廊

年収 1億円

数億円の絵画を政治家から買い取る

ある「画廊」が新聞の1面を飾ったのは、さかのぼること20年前のことである。

自社株の買戻しを急いでいた平和相互銀行の伊坂重昭監査役が、東京・有楽町の「八重洲画廊」社長から、「40億円で屏風を買えば、平相銀の株を買い戻せる」と持ちかけ、その話に乗った伊坂氏であったが、結局、株は戻らなかった。

このとき画廊を伊坂氏に紹介したのが、竹下登首相（当時）の秘書・青木伊平であった。いわゆる「金屏風事件」である。

また、この事件で何度も名前が取りざたされ、「政界のフィクサー」とも呼ばれた福本邦雄氏も「フジインターナショナルアート」という画廊を経営していた。

なぜ、この事件で「画廊」の名が取りざたされたのかが、この商売の成り立ちを解くヒントである。

「画廊」とは、その名のとおり、絵画の売買を生業とするが、１点数十万円～数億円もする美術品が、ホットドッグのように売れるわけではない。つまり、不特定多数の民間人相手の商売ではない。

「画廊」の主要なイベントとして、展覧会がある。しかし、たいていの場合入場無料だし、あったとしてもさしたる額ではない。一般家庭でも使用する名画のコピーを印刷したカレンダーなどは、ものによってそこそこ売れるというが、少なくともそうした日銭稼ぎが「メインの事業」でないことは確かだ。

銀座や丸の内と相場が決まっている「画廊」の本当の商売相手は、企業と有力な財界人、そして政治家である。画商とは、そうした政財界の人脈をつなぐ「パイプ役」と、美術品の転売によるマネーロンダリングの装置としての機能を果たしてきた。

数億円もするような美術品の購入者は、企業か、裕福な個人の蒐集家に限られる。

企業が高値で画商から購入した商品を、政治家に寄贈する。政治家は、その絵を画商に売却し、大きな金を手にする。これが、最も基本的な資金洗浄の手法で、もちろん、画商にも相当の手数料が転がり込む。

かつてバブルの時代、絵画をこぞって購入したのは主に商社、金融機関、生保であった。（安田火災が58億円でゴッホの「ひまわり」を買ったのは87年のことである）

これらは何も、彼らに特別「絵心」があるからではなかったことは、誰もが知っている。目的は、あくまでビジネス。後は推して知るべし、だ。

この仕組みには、有名な画家自身が関与することもある。

自身の芸術活動は、事実上、すべて企業の丸抱えだが、企業は独占的にその作品を

お金のやりとりを見たことがない不思議（写真／共同通信社）

買い取り、政治家との人脈作りに利用していく。

かつて、長者番付の上位にくるような年収の画家が何人もいたが、そういった画家には必ず政治家とのキナ臭い噂が囁かれていたものだ。最近「盗作」騒動を起こし、一線から姿を消したある画家も、そんなひとりである。

では、このこうした裏の活動もこなす画商の場合、自分の身入りはどれほどになるものか。

大まかに言って、取引した美術品の１～２割が自らの収入であるとされる。

１億円の絵画を売り、８０００万円で買い取れば一発で２０００万円のもうけだ。これは大きい仕事だが、長年の信用と人脈がモノを言う世界なので、誰でも参入できる世界ではない。

もちろん「裏仕事」のない普通のギャラリーもある。スーパーで展示販売会などを開き、地道に商品を売っていく仕事で、これは歩合制のセールスマンを雇用していることが多い。営業力と販路がモノを言うが、この場合、「濡れ手に粟」の仕事とは言えそうもない。

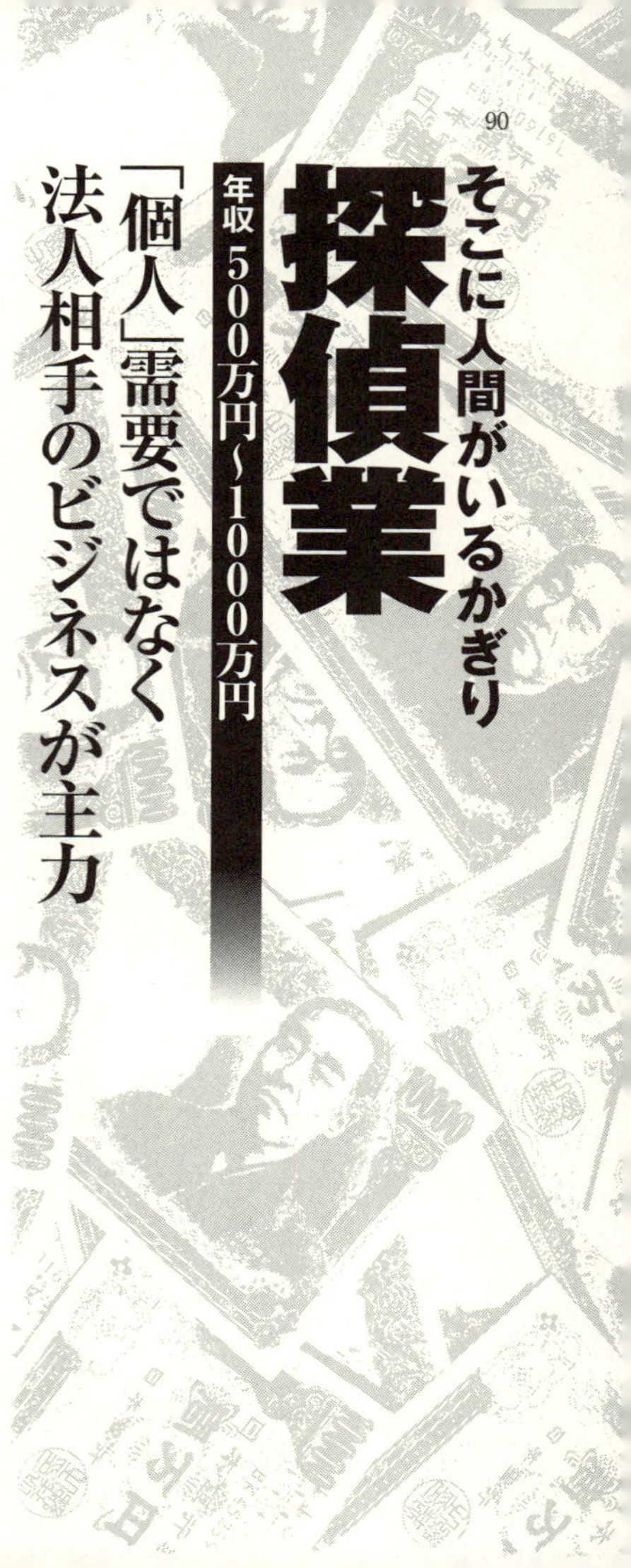

そこに人間がいるかぎり

探偵業

年収500万円~1000万円

「個人」需要ではなく法人相手のビジネスが主力

「探偵」「興信所」という言葉に負のイメージを抱く人は少なくない。人間の暗部をネタにして生きる「日陰者」と、偏見の目で見られることも多いが、近年は「明るい探偵」も多くなり、イメージも随分変わってきた。

「その昔、興信所の主力は結婚調査や資産・借金などの身上調査、それに人探しでした」

と語るのは、この道35年というベテラン探偵業者である。

「事実、70年代まで、興信所は頼まれれば何でも調べ上げていました。結婚に関する身元調査の依頼は多く、月の売り上げの半分がそうした性質のものだったこともあります。当時、関西で開いていた私一人の個人事務所で売り上げが1000万円を超えた年もありました。しかし、いまならはっきりと問題になる調査に当たると思います」

1960年代の終わりから70年代のはじめ、「調査業者」は徹底的なバッシングにあった。戸籍が自由に閲覧できた時代、それを悪用して被差別部落のリストをつくったり、それを活用したりして情報を「金銭」に変える者が後を絶たなかったからである。

人権意識の高まりと業界の自浄作用もあり、現在、いわゆる探偵・興信所に電話をかけて業務内容を聞くと、出自に関する調査など「差別調査」はハッキリ断られる（電話だけではなく、対面の場合も同じである）。

たとえば20年前に初版が発行された『興信所』（露木まさひろ著、朝日文庫）を読むと、有名な『部落地名総監』事件後も、このような状況があったという。

「総理府、法務省、労働省、経団連の幹部たちが顔を強張らせて遺憾の意を表明したのだが、以後ぞろぞろと同種の本が発見され、現在までに『全国特殊部落リスト』『大阪府下同和地区現況』『日本の部落』『特別調査報告書』『㊕分布地名』『同和地区地名総監全国版』など9種類が確認されている。

ブラックリスト屋や探偵社が複写機を利用して手作りしたものが大半で、5000円から4万円の値段をつけ、興信所、探偵社、人事課などにDMを送り、注文を取ってきたという」

これでは、世間から白い目で見られる（親が探偵業、と言うとむしろ差別される、という笑えないジョークもあったという）。

「犯歴の調査もありましたが、いまと違ってやり放題でした。複数の業者が地元の警察OBと提携し、そのOBが内部の者と連絡を取って、前科情報を調べる。1件3万円から5万円になったので、いい稼ぎでした。データのオンライン化が進んでも、90年代半ばまでは、比較的簡単にできたのですが、いまは厳しくなって、警察OB自身が経営している業者でも、簡単にはいかないはずです」（前出の業者）

また当時、定番の仕事だったのは広い意味での「人探し」。

「それは秘密です」など当時の人気番組で、芸能人の初恋の人を捜し当てたり、あるいは金貸しが逃げ回る債務者の所在を突き止めたい、といった仕事は業者が請け負っていた。

当時は個人で集められる情報と、組織やプロが集める情報の格差に大きく隔たりがあったため、探偵業のニーズは一定の水準を維持していたという。

それを変えたのはインターネットである。

「個人名を打ち込めば、一発で小学生時代の友人の近況が分かったりするわけですから、新しいサービスを打ち出さないと生き残っていけません」

90年代から収入が先細ってきたというこの業者は、どこもが行なっているサービスを思い切って切り捨て、匿名社会のインターネット上で発生するトラブルを解決する法人向けサービスを始め、現在は年収1200万円以上を稼いでいる。

「運よく大手プロバイダー会社の人脈があり、そこから始めた仕事です。掲示板などに書き込みをした相手の特定や、あるサイトにアクセスしている人物の情報などを調べ、企業にリポートとして提出する。しかし、イスに座っていてできる仕事ではなく、逆に遠方への出張が多くなりましたね。なにしろ書き込みはどこからでもできますから」

標準的な業者の、現在の探偵業の「年収」について聞いてみた。

「大手といわれている業者で働く主力スタッフで、600万円～800万円。新人では200万円程度でしょう。1000万円を超える稼ぎが欲しければ独立しなければ絶対にムリ。それも、個人相手ではなく、法人が、継続的に発注するような仕事を請け負っていないと、大台まではいかないと思います」

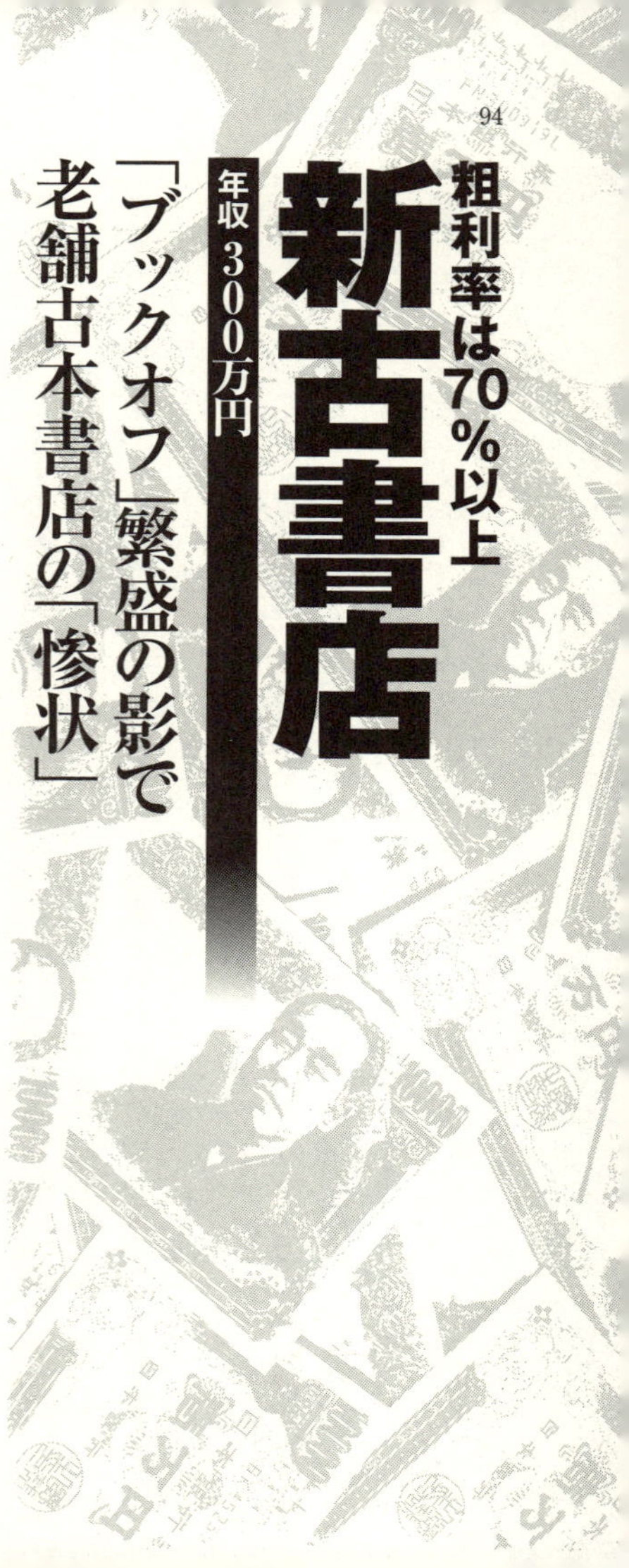

粗利率は70%以上

新古書店

年収３００万円

「ブックオフ」繁盛の影で
老舗古本書店の「惨状」

古本、特に漫画とアダルトもののリサイクルは、どこの街にも存在していた。なにしろ４００円前後で購入したコミックスを売ると30円～50円なのに、店頭では１００円～３００円。その利益率は高く、優良なビジネスモデルであった。

しかし、それを一網打尽にしたのが「ブックオフ」に代表される新古書店と「ネット」

の出現である。

現在古本チェーンを全国展開する「ブックオフ」は、新刊書店並みの品揃えで、価格も定価の50％～60％程度。利用者も多い。

しかし、その買い取り価格は非常に安く、10円から高くても定価の1割前後。粗利率は71％で、従業員（パート）の平均年収は約240万円だ。もし、本書がブックオフに並ぶときには、おそらく240円で売られていることだろう。でも書店で買うように（笑）。

買い取り価格はともかく、販売価格はブックオフも街の古本屋も大差ないので、古本利用客はブックオフに流れ、さらにネットで買えるアマゾンにも流出。いまではアマゾンも、神田の古本店も「ブックオフ」から商品を仕入れていると言うから、まさに一人勝ちの感が強い。

いまや街の古本店は、アダルトに特化している店以外は利益がでるか、でないかという状態。こちらは年収以前といった様相だが、ブックオフの場合、実力主義で、学生でも、主婦でも店長になれる。現社長の橋本真由美氏はタレント・清水國明の実姉で、パートからのたたき上げだ。

「江戸前」の立役者

東京湾漁業

年収5000万円

高級料亭も買い付けに来る「アナゴ」「クルマエビ」

東京湾で魚を獲る人は、いまでもいる。

山本周五郎の『青べか物語』には、浦安の海に生きる、海苔や貝を獲る漁師の姿が描かれているが、東京湾にも昔から漁師は存在し、漁業は行なわれていた。江戸の時代から、300年近い歴史を持つ網元も多数あり、戦前まで「漁港」としての東京湾は立派に機能していたのである。

しかし、60年代以降、湾の埋め立て工事のため、総額数千億円という莫大な補償金とひきかえに漁業権は次々と放棄されていった。

陸に上がった漁師たちは仕事を捨て、その補償金で身を持ち崩した者も少なくなかったという。一部の漁師だけが残されたが、この時代を「東京湾の死」と呼ぶ人は多い。

もちろん、いまでも築地の市場に行くと「東京湾」産のシャコやアナゴ、クルマエビが少数だが水揚げされ、それらは「天然江戸前」の高級品として、高級料亭がてんぷら用にと購入していく。

残存している漁師たちは、千葉県、神奈川県を中心に約5000人で、ノリや貝を獲る漁師が多い。また、アナゴとシャコも主力で、東京湾産のアナゴは全国の40％を占める。

もともと貝類の豊富さには定評があったが、それでも近年は漁獲高が減り、木更津では最近、1日の漁で、水揚げは3000円～7000円程度にとどまる。ここでは漁だけで生活していくのは困難だ。

06年、東京湾の漁師たちにはちょっとした緊張が走った。密猟者が出没していたのだ。

06年5月、素人ダイバー集団に「黒ナマコ」を獲らせていた男が摘発された。黒ナマコは、国内では需要がなく誰も獲らない生き物だったが、干しナマコを滋養強壮の珍味とする中国で需要が急増。キロ当たりの単価が9000円から3万4000円に高騰し「黒いダイヤ」と呼ばれるようになったからである。ダイバーは7500万円分のナマコをすくいとっていた。

ナマコは素人でも誰でも獲れるうえ漁業権でも守られていない。もともと東京湾は、60ちかくもの川が流れ込む豊穣な海で、シャコ、カレイ、アサリ、ハマエビ、コウイカ、ウナギなど生息する魚の種類も豊富だ。船舶の交通量が多く汚染されたイメージがあるが、漁場として悪くはないのだ。

05年9月には、三浦市の海岸で「サザエ」を密漁していた男が逮捕された。この時期、海上保安庁が集中取締りをした結果、なんと19人が検挙され、意外な東京湾の「海の幸」が明るみに出たのである。逮捕された男は、素もぐりでサザエ112個を密漁していた。

ジェット機の下の「羽田漁師」は、年収500万円ほどになる。1962年、大半の漁師が漁業権を放棄したなか、廃業しなかった60人の「大田漁協」組合員。アナゴ、アサリ、キスなどを獲っている。「江戸前」のアナゴは1日の漁で20キロ前後水揚げがありキロ700円から1800円で卸されるという。

しかし組合員の平均年齢は60歳を超え、後継者不足は深刻。また、東京湾アクアライン等の影響が出るのは今後と見られているから、ゆくゆく、東京湾の漁業、ひいては「江戸前文化」の危機が表面化することは十分予想できよう。

日本の近海漁業全体を見ると、漁師の平均年収は300万円以下。農林水産省「漁業経営調査」によれば、平均的な小型漁船一家で収入から支出を引いた額は220万円程度しかない。漁の期間は1年中ではないので、年間を通していくつかの船に乗るというケースと、地元で民宿や観光遊覧船などを経営しながらという「半漁」体制で、なんとか凌いでいるというのが実情だ。

まき網漁で操業。大田区にも「漁協」がある（写真／共同通信社）

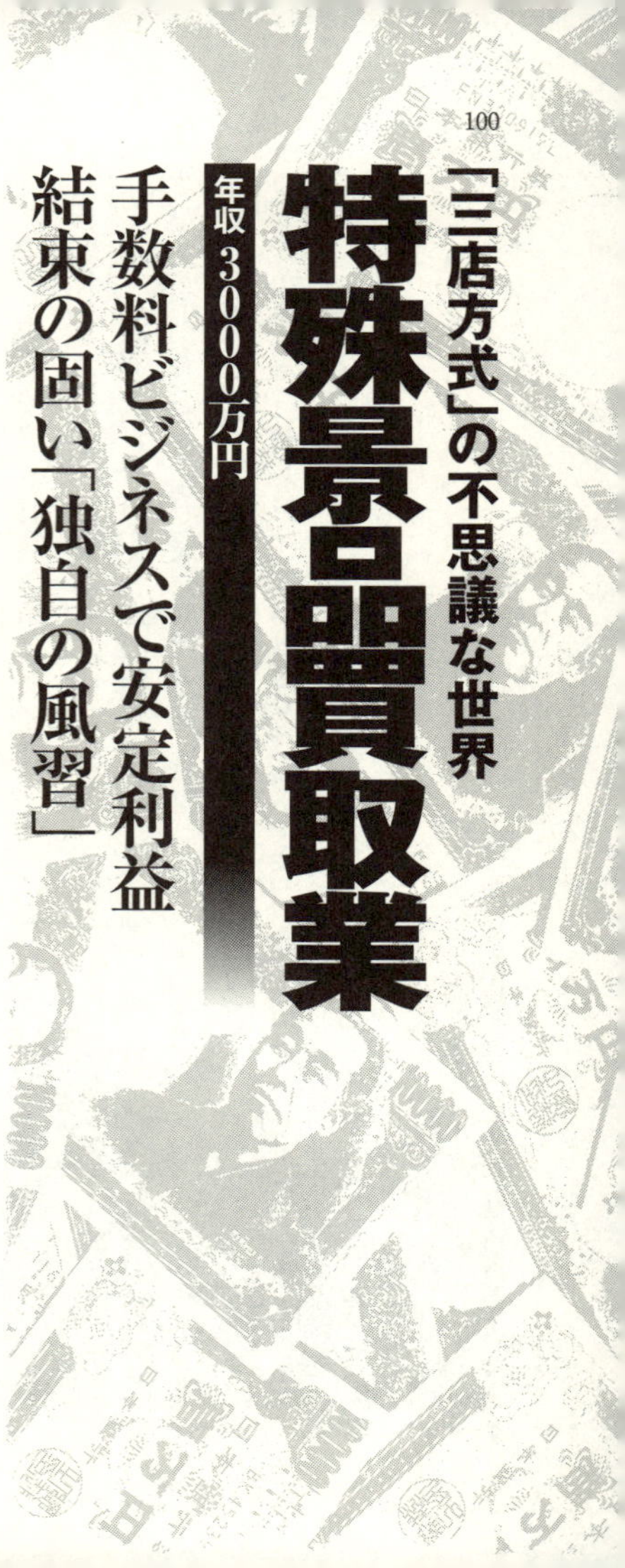

「三店方式」の不思議な世界

特殊景品買取業

年収3000万円

手数料ビジネスで安定利益
結束の固い「独自の風習」

パチンコをする人には改めて説明するまでもないが、賭博がタテマエ上禁止されている日本においては、パチンコも「賭博」ではないことになっている。

しかし、実際は賭博である。

そこで、矛盾を解消するために産まれたのが、いわゆる「景品交換」のシステムだ。

「景品交換所」はたいてい、パチンコ屋に隣接した仮設住宅風の小屋か、階段を登った突き当たり、あるいは分かりにくい路地裏などに存在する。

パチスロ・パチンコでいくばくかの出玉を獲得した客は、レシートと交換した「特殊景品」（地金、ライター石、貴金属などが多い）をこの交換所に持ち込むと、何も言葉を交わさなくても所定の金額が返ってくる。

業者は、一応古物商ということになっていて、理論上は「お客さんがたまたまパチンコ屋を出たら、いまもらった景品を買い取るような店があったので、そこへ商品を持ち込んだ」といった解釈になる。

この特殊景品が、やがてまた景品問屋を経由してパチンコ店に舞い戻り、何度となく循環しているのは言うまでもない。

ここで気になるのは、この「特殊景品」の業者の利益と立場である。

俗に「三店方式」（パチンコ店、景品交換業、景品卸業者）と呼ばれる方式では、それぞれが別の業者であり、それは暴力団を排除するために編み出されたシステムと言われている。しかしその本質は、警察によるパチンコ業界の「支配の構図」といったほうがより正しい。

地域によっては、たとえば岡山県など「四店方式」のケースもあり、この場合は景品の製造・包装会社が中に入る。

景品買い取り業の利益は、「マージン」つまり景品交換時に発生する手数料だ。パチンコでは出玉を商品に変えることもできるが、現状では95％から99％が換金に回されている。換金されないのはタバコやコーヒー、端数でとれる菓子類くらいのものだ。

この手数料は、一律で決まっているわけではなく、パチンコホールとの資本関係や、換金率、風営法（条例）などによって変わってくる。具体的には、各業界の組合が交渉して決めることになるが、等価交換に近い営業形態が主流の都内の場合だと、店の売上が1日1000万円（都内中大型店程度）であれば、20万円～30万円が「景品交換所」と「景品卸」業者の取り分になる。これを両者で分けることになる。ホールの売上が大きい場合では比率、少ない場合には固定といった契約が多いようだ。

1日10万円としても、月額で300万円。基本的には交換業務で仕入れやコストがかかるわけではない。従業員に支払うコストを考えても、儲かる仕事だ。

客に1000万円分の景品を渡したホールは、最終的に1030万円程度でその景品を買い戻している格好だ。等価交換の営業をしている店であれば、1日1100万円～1200万円は売りあげないといけないが、交換所のリスクは少ない。

ある業界関係者は、それでも景品交換所の従業員が高い賃金を貰っているわけではないと言う。

「時給換算で1000円程度、ベテランでも年収500万円程度ではないでしょうか。

景品交換の世界は韓国籍の年配のかたが多く、また済州島出身の女性が多いことは、あまり知られていません。結束が固く、その実態はなかなかそとからではうかがい知れないのです。交換所で働く人を公募することはまずありませんが、あるとしても50歳以上など、金に関して経験則から編み出された独自の信用基準で選ばれるのです。交換所は個人経営店ではないですから、利益は組合が管理します。天下りしている警察ＯＢの給与も業界で負担します」

長らく、パチンコ業界では北朝鮮への送金疑惑が指摘され続けてきたが、警察への事実上の「金銭供与」「利権供与」があまり話題にならないのは不思議だ。

組合が運営する交換所。防犯上の理由から、窓には防弾ガラスが使用されている。客から買い取った景品は卸業者を経てパチンコ店へ戻っていく（写真／金子 靖）

現金決済のうまみ

占い師

年収5000万円～

自分の運命よりむしろ知りたい「占い師」の秘密の生活

「どこどこの母」などといって、手相や運勢を見る「占い師」は、かつてほどではないにしろ、路上でみかけることも多い。木枯らしの吹く冬場、ひっそりと路上に座る手相鑑定師などを見ると、なぜか憐れみにも近い感情から、つい近寄ってしまったりするから不思議だ。

この手の占い師は「1回○×円」などと値段を掲げるようなケースはない。実際は、ヒマな日であれば20分ほど、前世の話をして3000円程度、が相場である。（お茶やコーヒーを出したりして、1時間1万円近くとる〝高級手相鑑定〟もある）彼らの多くは「昼の仕事」を持っている「兼業占い師」だ。お金のためというより、精神世界に興味を持つ性向の人が多い。

カップルで恋愛相談を持ちかければ、たいてい好意的な話をしてくれるから、話術の対価として考えればそう高くもない。3、4件も仕事があれば、占い師としては上々だ。もちろん現金収入で領収書もないから、税金は払わない。しかし、お客さんがドンドン来るようなポイントでは、暴力団への高額なショバ代が必要になるので、繁華街よりひっそりとした郊外の駅前通りなどに出没する。

稼ぐ占い師は、メディア組と口コミ組だ。本を出版し、雑誌、テレビで火がつくと、もはや収入は桁違い。「六星占術」の細木数子女史の収入は、携帯サイトや本の印税収入だけで数億円になる。口コミは、有名人の信頼を得るタイプの占い師。かつて、政財界の要人に深く食い込んだ「天才少女」こと藤田小女姫タイプの占い師も、数は少ないがまだいる。有名人相手の鑑定料金は、10万円以上になる。

また、日本ではそれほどなじみがないが、風水で、建築物の設計アドバイスをしたり、人生相談に近い個別相談を受ける占い師もいる。女性に人気が高く、養成講座や専門学校は繁盛している。

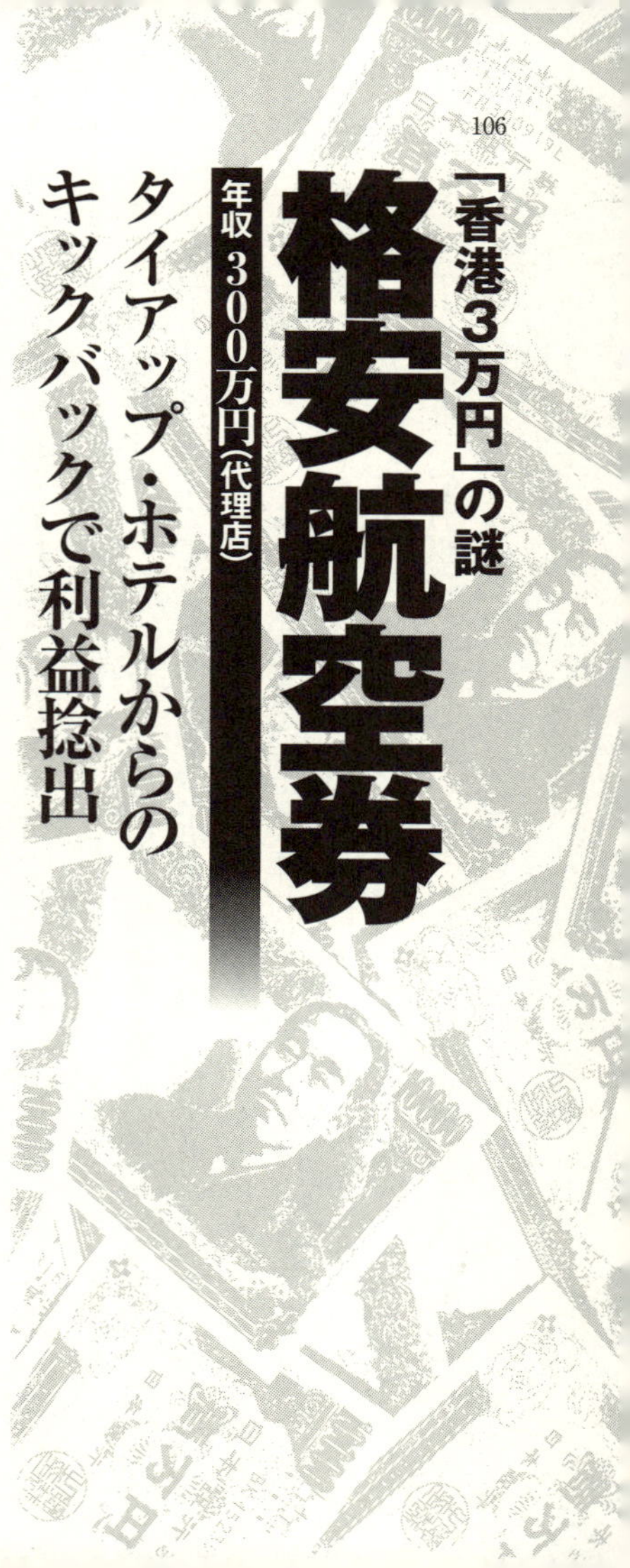

「香港3万円」の謎

格安航空券

年収300万円(代理店)

タイアップ・ホテルからのキックバックで利益捻出

「香港3日間2万9800円!」といったツアーのチラシをよく見かける。香港まで3万円で往復でき、しかも安宿ではなく中堅のホテル宿泊と食事まで付いていたりするツアーだが、現地行動は自由だから、事実上のフリー旅行。自分で切り詰めて計画するより断然安いパックツアーである。

しかし、これで利益が出ているのか、という疑問はある。そのホテルの宿泊料を調べると、一泊1万円近くしたりする。これでは航空会社、代理店の取り分はない。

格安航空券は、正規の航空運賃の半分から5分の1の値段だが、これは航空会社が本来ツアー用として販売代理店に卸しているものだ。それを、個人相手にバラ売りしているというわけだ。この場合、価格は行政の認可がなくても旅行会社が設定できる。閑散期の場合、旅行代理店は正規の運賃の1～2割で航空会社から航空券を仕入れ、それに2000円から5000円を上乗せして販売する。ただ、価格には保険や空港使用税などが入っておらず、そうした部分からも若干の手数料収入を得ている。

航空会社は典型的な装置ビジネスで、稼働率を上げることが即、収益の要になる。極端な話、空席よりも1万円で客を乗せたほうが良い。

そしてそれはホテルも同じ。部屋を遊ばせておくのは避けたい。仮にタダ同然でも、宿泊する客が食事や買い物をすれば、そこそこの利益が見込める。そこで思惑が一致したホテル、航空会社に「格安」ツアー企画を持ち込み、驚きの価格が実現する。

ちなみに、格安パックツアーの場合、代理店の取り分は2000円以上から。この2000円が「限界点」というのが業界の合言葉だ。

数名のスタッフで営業する代理店の生き残り策は「外国人スタッフ」の採用だ。人気のアジアなど、現地の言葉を話せる留学生などを社員に採用し、その人脈を通じて広く営業してもらう。賃金も、日本人と違って低く抑えられ、また、現地の航空会社と卸値の交渉を有利に進められる、などのメリットがある。

Column

「押し売り」だけじゃないその不思議な行商生活

ベストセラーには書かれなかった「さおだけ屋」の深い闇

「ターケヤーさおだけェ〜」と牧歌的な調子で街中を走り回る行商トラック。「潰れない」不思議を分析したベストセラーを読んでも、なお分からないその生態には、触れてはならない「タブー」があった。

「押し売り」の代表格「さおだけ」ビジネス

会計士・山田真哉氏の大ベストセラー『さおだけ屋はなぜ潰れないのか?』(光文社)は、身近な視点から会計学を解説したユニークな内容である。

同書では、タイトルにある疑問について、次のような説明がなされている。

つまり、コンタクトしてきたお客さんに、次々と新しい営業をかけることにより単価をあげ、また仕入れコストが非常に安いため想像以上の利益を得ている、というものだ。

ここで、同書を批判する意図は毛頭ないのだが、会計ではなくあくまで「さおだけ屋」という行商ビジネスの内容を知りたいと思って本を読んだ人にとっては、少々物足りない内容だったかもしれない。

結局のところ、さおだけ屋とは、どんな人たちなのか、ということが問題なのである。

結論を言えば、いまの「さおだけ屋」はほとんど2種類しかない。

ひとつはアウトロー集団。もうひとつは、家庭用の防犯グッズやリフォーム業を業務とする中小の会社が、営業手法としてさおだけ屋を装っているケースである。

イラスト：佐藤朋恵

誤解を恐れず言えば、「さおだけ」の行商方法が、営業攻勢を基本としているなら、それは悪質である。

「すべてが悪質な業者ではない」と前出の山田氏も書物の中でフォローするが、実際、各地の消費者センター等で、訪問販売に関するクレーム・相談件数の「常連」ともいえるのが、この「さおだけ」なのだ。

まず、さおだけ屋は金物屋のアルバイトではない。もし行商中のさおだけ屋をみかけたら、軽トラの「ナンバー」を見れば、遠い他府県であることが実に多いはずだ。

03年2月に住居侵入罪で逮捕された男は、青森県に住所を持ちながら、約3年間にわたり、北陸、中国、四国地方でさおだけの行商をしていた。

この男の真の目的は「販売」ではなく「窃盗のロケハン」だった。見知らぬ土地を、昼間行商のフリをしながら観察し、ターゲットを定めると夜に再訪し、現金などを盗んでいたのだ。この男にとっては、ハッキリ言ってさおだけを買いに来る客など迷惑千万だったことだろう。

05年に逮捕された男は、埼玉県に住みながら、秋田や山形に「出張」。廉価なさおだけを7万円から30万円で売りつけ、さらに無断でさお台の支柱を折り、営業に行くなどの「自作自演」を行なっていた。

02年11月に、島根県で、数千円のさおだけを20万円で売りつけて逮捕された22歳の男も、住所は新宿区だった。

この男の場合のポイントは、その職業が「東京の物干しざお販売会社の社員」だったことだ。

物干しざお販売会社というのが日本にどれくらいあるのか分からないが、個人ではないとすると組織的に悪質な行商ビジネスを展開していたと見るのが自然だ。

ハッキリ言えば、逮捕されるさおだけ屋の存在は、それがアウトロー集団の伝統的「シノギ」の手法であることを示唆している。だから、「潰れない」という表現には当てはまらない。そもそもが非合法スレスレなのだ。

行商で、しかも街中を流すというやりかたは、一応、理にかなっている。なぜなら、客のほうから呼び止めて購入した場合には、訪問販売に当たらずクーリング・オフでの無条件解約はできない。また「ヒット・アンド・アウェー」ですぐその街を去っていき、領収書も発行しないから突き止めようがない。

「20年前のお値段です」などと言いながら、値段が20万円だったり「なんと1本イチキユッパ、イチキュッパ」と言って、つい買いに行くと「198円」ではなく「19800円」だったりしても、それ自体に違法性を問いにくいのがミソなのだ。

さて、そこまで悪質でない場合、たいていは家の防犯グッズやリフォーム会社の「営業部員」がさおだけ屋の正体だ。

さおだけはどうでもよく、自宅前で会話をする機会を作り出し、高額なリフォームや防犯強化工事などの営業を行なうのだ。

「販売しない」さおだけ屋の不気味な正体

ところで、こうしたさおだけ屋のなかに、まったく商品を販売せず、高速走行をしていたり、長期にわたって同じルートを毎日行商する、あるいは同じポイントで車を止めている（もし悪質な行商ならばそうはしないであろう行動）というケースも報告されている。

こうなってくると、また違う疑問が生まれてくる。つまり金が目的ではないさおだけ屋の存在である。

前述の逮捕された男のように、実は「泥棒行脚」をしているケースも考えられるが、なかには「さおだけ屋を装う人たち」がまだいるのではないかとの憶測もある。

それがいったいどういう人たちであるのか、分からない。まだまださおだけの闇は深い。

第3章
意外な「薄給者」たち

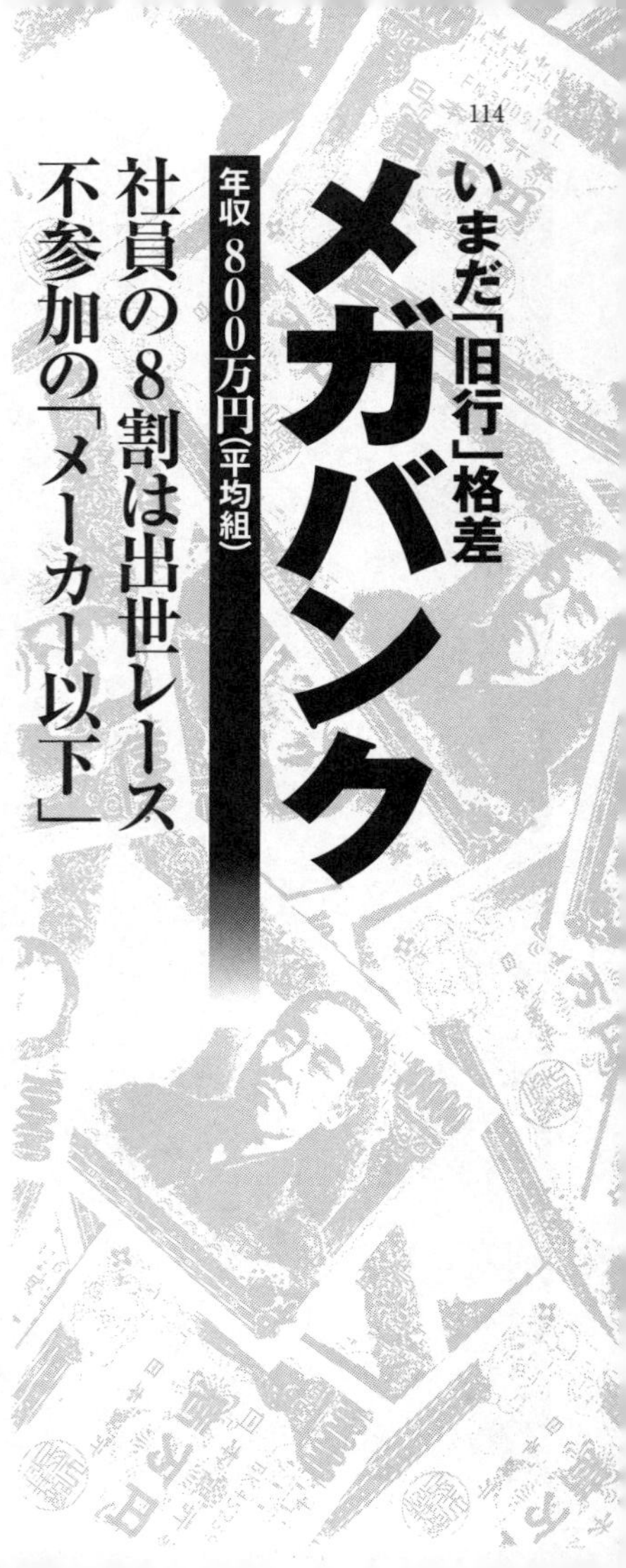

いまだ「旧行」格差
メガバンク
年収８００万円（平均組）
社員の８割は出世レース不参加の「メーカー以下」

06年10月に三井住友銀行が国に５００億円を返済し、3大メガバンクはすべて公的資金を完済した。１９９８年から翌年にかけて、メガバンクには総額6兆６０００億円の公的資金が注入されたが、当初計画よりも2年早い達成である。

この間、3メガは大手銀行8行が再編統合・合併を繰り返し、いまの形に落ち着いた。株価も上がり含み益も出て収益は安定基調、行員の待遇も戻りつつあるものの、「成果主義」や年俸制の導入などで、格差は広がっている。

■

都銀や信託、長信銀など大手銀行の給与は従来、20歳代までは他の大企業の平均並みだが、30歳の前半に昇格の第一歩を印すと、格段に跳ね上がる。

「調査役」「主事補」「課長代理」など呼び名は銀行によって異なるが、下級管理職になれば、月給で1・5倍程度に上昇する。例えば33歳で月給30万だった行員がいきなり45万になり、賞与が年間10ヶ月分出るとすれば年収は990万円。35歳で1本（1000万円）に届くわけである。

あるメガバンクの常務の話。

「どこの銀行も入って10年で下級管理職になり、やっと給料が上がる。初任給は大企業のなかでは決して高くないし、その間、自転車で集金したりしてあくせくと働く。朝はどのサラリーマンよりも早いし、帰りも遅い。ボーナスは多いかもしれないが、それは業績に反映するものだから。時給に換算したら、銀行員の給料はむしろ安いくらいだ」

常務によれば銀行員の給料は35歳から50歳にかけての15年が恵まれた時期で、それ以降は中にいても出向してもサラリーマンはダウンするのが通例という。

戦後、銀行員の給与は他の業種に比べて必ずしも恵まれてはいなかった。「鉄は国家なり」の戦後高度成長期、鉄鋼や重電といった重厚企業がエリート学生を独占した。サービス産業の金融界は人材確保のため労使が少しずつ賃金を上げていくことに合意し、待遇改善が図られた歴史を持つ。

98年前後からは定期昇給は止まり、ボーナスは目減りを続けていく。早期退職が奨励され、45歳で銀行を去る人も続出した。99年に三行が経営統合を発表したみずほグループのある行員(39歳)は、統合前後をこう振り返る。

「朝8時に出社して、夜8時に通常業務が終わりますが、そこから会議が立て続けに3つありました。タクシーでまっすぐ家に帰ると午前2時。6時過ぎには自宅を出ますから、睡眠時間は2~3時間。この生活が2年は続きました」

体調を崩して休職したり、仕事中おかしな言動をする人もいたとか。これで給与はカットされるから、士気は急速に低下していく。これ以降、人事の査定も厳しくなり、成果主義的な給与体系になる。極端な場合、40歳あたりで年収400万近い格差も生まれていった。

統合合併で誕生した新銀行の給与体系はどうなったのだろうか?

01年に合併した三井住友銀行は、給与水準の低い旧さくら銀行に合わせた。これが旧住友勢の猛烈な反発を買うことになった。

「『なぜ、救済してやった銀行の給料に合わせなきゃいけねえんだっ。ふざけんな！』って、そりゃもう大変な荒れようで、全国各地の支部で頭を下げる日が続きました」(旧住友銀行の従業員組合関係者)

同年誕生したＵＦＪ銀行は、当初複線人事で給与は旧行待遇のままだった。しかしその先は、徐々に吸収された側の東海銀行行員は昇進・昇格が遅れ、子会社に出向したり、関連の第二地銀に転籍したりと不遇をかこつことになる。旧さくらの行員も同様で、家業を継いだ人もいる。

05年経営統合してできた三菱東京ＵＦＪ銀行（ＭＵＢＫ）はどうか。まだ誕生して間もないせいだろうか、やはり人事部が一本化されていないとの情報がある。旧ＵＦＪ(つまり旧三和)は昔からの実力主義的給与体系で、旧東京三菱銀行は年功型賃金が残っているというのだ。

「35歳で三菱勢は年収１２００万、旧ＵＦＪ勢はそれより１００万低い」(事情通)

今度は旧ＵＦＪが旧東海と同じ運命をたどるだろう。三菱マンはそう甘くない。

96年に東京三菱銀行が誕生したとき、頭取ポストは東銀だった。各部門の部長も東銀が占め、三菱は次長に甘んじた。そして次の人事異動で部長はすべて三菱が独占した。そんな過去を持つ銀行だから、一寸先は闇であるが、三和には優秀な人材が少なくない。

04年の検査忌避問題で金融庁の怒りを買って退任した旧ＵＦＪ銀行の「４人組」（寺西正司・前頭取、岡崎和美・前副頭取、中村正人・前常務、松本靖彦・前常務秘書室長）を陰で支えていた40代前半の次長クラスが企画中枢に戻っているとの情報もある。

3大メガバンクは旧東海と旧さくらを除けばみな上位行だから、給与格差にそれほどの差はない。業界では旧三菱銀行と旧興銀がトップクラスといわれた。経営統合とはただの言い換えであり、みずほフィナンシャルグループは例外だが、実質吸収合併である。のみ込まれた銀行にそうそう明るい未来はない。

03年の2兆円に上る公的資金導入で実質国有化されたりそな銀行の行員賃金はガクンと減っている。35歳で年収７００万とい

「旧行の旧行」の給与制度がなお残存（写真／共同通信社）

うのが実態だ。都銀下位行同士の合併で誕生しただけに、元来が上位行とは年収の開きはあった。しかし、これほど下がると「住宅ローンの支払いや子供の教育費に頭を抱える」（同行の40歳前半の支店長）のはもっともだ。それでいて行員に気持ちよく働いてもらうために身銭を切って居酒屋に誘い、時には夜7時まで営業する。都銀の序列というは、経営統合してもなんら変わりないのが悲しいではないか。

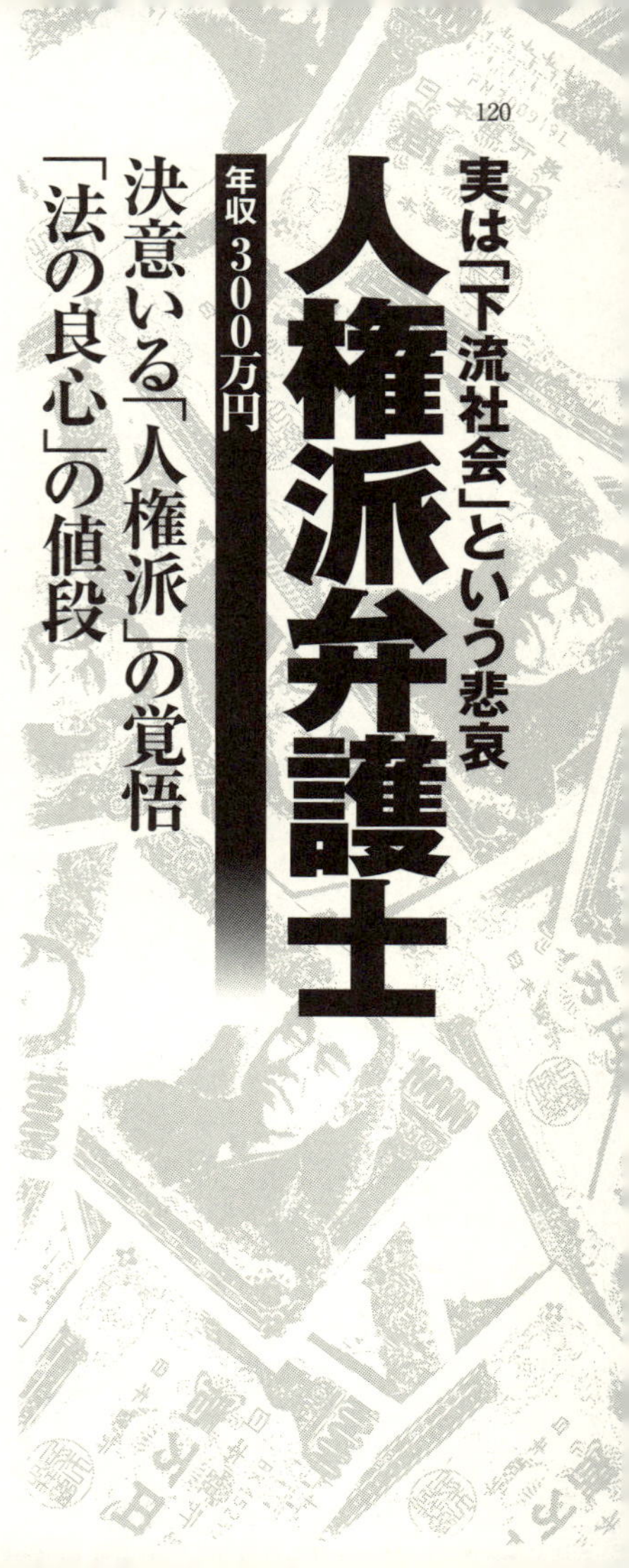

実は「下流社会」という悲哀

人権派弁護士

年収3000万円

決意いる「人権派」の覚悟
「法の良心」の値段

資格試験の最難関といえば今も昔も司法試験だ。現在は、司法試験制度が変わり、法科大学院の2年制課程の修了者が受験した06年新司法試験では、2091人が受験し1009人が合格、合格率は48%となった。しかし、旧司法試験の合格率は2〜3%とまさに「狭き門」。合格者の平均年齢は28〜29歳程度で、たいていの受験生にとって1~2回で合格するような代物では決してなかった。

これほどの難関を経て弁護士になるのだから、さぞ収入も良いだろうと思うのだが、環境問題や人権問題にかかわる人権派弁護士の場合、その収入たるや、想像以上に低いのだ。東京都内の法律事務所で「人権派弁護士」として働くAさんもその一人だ。

Aさんは26歳で司法試験に合格。法曹資格を得るためには、1年6ヶ月の司法修習を受けなければならないが、司法修習期間中は、給与が支払われる。

「国家公務員I種で採用された者と同等の額が支払われます。私が司法修習生の頃は、月額約17万円とボーナスが支給されました」

1年半の司法修習を終えると、多くは裁判官・検察官に任官するか、弁護士会に登録し、弁護士になるが、Aさんはここでフリーターになる道を選んだ。

「弁護士登録はいつでもできる。環境問題や在日外国人の人権問題に関心があり、アルバイトをしながら市民運動の手伝いをしていました。そういう活動をするうち、こうした社会問題を扱うルポライターになりたいと思うようになって、約2年間そういう生活を続けていましたが、市民運動で知遇を得た弁護士の事務所に籍を置くことに」

Aさんは29歳になってようやく弁護士としての活動を始めるようになった。Aさんの所属した法律事務所も、環境問題や在日外国人の人権問題などを積極的に受任する「人権派」法律事務所だった。

「在籍した法律事務所では、月額50万円、プラス出来高払いでした。ですから額面で年間600万円以上はあった計算になります。この金額は東京の勤務弁護士の初任給としては平均的だと思います。ようやく安定した収入が得られるようになってホッとしましたね」

しかし「ホッ」できたのは3年間ほどだった。

「ある程度仕事ができるようになると独立するのが暗黙の了解事項でした。弁護士になって2年半で、弁護士数人の法律事務所に移籍することにしたのです」

それが現在在籍する法律事務所だ。ここでは、弁護士一人ひとりが、自分の弁護料収入から、秘書の給与や事務所の家賃を一人1月35万円負担することになっている。

「私は移籍して半年になりますが、弁護料収入で900万円程度ありました。ただし、これは高額訴訟にたまたま勝訴したからで、毎年こうした収入は期待できません。理想としては、年間の弁護料、つまり売上で1200万～1300万円程度は必要だと思います」

事務所の維持費は年間420万円。仮に1200万円の売上だったとすると残り780万円だが、環境や人権にかかわる訴訟はボランティアどころか、交通費持ち出しのことが多く、年間100万円近くは消える。その他にも、弁護に必要な書籍代、税金や保険料など差し引くと実質的な可処分所得は500万円以下になってしまう。

その上、依頼人が報酬を支払わないこともしばしばあるという。

「私が受任するのは、多重債務者の任意整理などの一般民事、医療過誤や刑事事件です。サラ金などの任意整理を行なうと1社4万2000円が報酬で、5社で21万円になります。ところが、この報酬さえ支払わない人もいます。督促もしますが、そのうち連絡先さえ分らなくなってしまうこともあるんです」

Ａさんは現在33歳。最難関の司法試験に苦労して合格した割には良い収入とはいえないのでは。

「司法修習の同期で、企業法務専門のローファームに勤務する弁護士から聞いたところでは、年収１２００～１５００万円程度だと言います。その代わり、滅茶苦茶働かされるそうです。それにしても、私の年収は低いでしょうね」

しかし、Ａさんは環境問題や人権問題にかかわって行くつもりだという。

「生活するには今の年収があれば何とかやって行けますが、来年今年と同じ売上があるとは限りません。その日暮しだといってもいい。だからといって、環境問題や人権問題にかかわるのを止め、売上を増やそうとは思いません」

２００４年5月に発表された日本弁護士連合会が実施したアンケートでは、弁護士の平均年収（経費を除く）は約１７００万円となっている。Ａさんの年収は、弁護士の中では「下流社会」に属する。しかし、Ａさんは今日も弱者救済のために働いている。

生きがいは「権力」

高級官僚

年収800万円

「局長」になれないキャリアなら生涯賃金は「東大同期」の半分

公務員は待遇が良く、なかでも、キャリア官僚の生涯給与は、民間をはるかに凌ぐ、というイメージは、少なくとも霞ヶ関の外ではかなり浸透している。

しかし、民間会社でもそうであるように、誰しもが事務次官としてトップに上り詰め、優雅に天下れるわけではない。ここで盲点になっているのは、「キャリアの負け組」

たちの意外なつつましさである。

民間企業の社長に当たる「事務次官」になれるのは、同期でひとり。大物次官といわれている人物が次官になると任期が2年にわたったりする。すると当然、どこかで「次官の出なかった入省期」というひずみも出てくる。

「いまのところ、まだ入省時の席次(公務員試験の順位)や東大法学部であるかどうかは重要なファクター。重要省庁では京大でも次官は厳しく、いわんや私大は無理」

と30代の私大出身キャリア官僚は話す。

次官はおろか、局長(民間企業で言う役員レベル)のイスですら、すべてのキャリアに保証されているわけではない。省によっても違うが、半数は本省課長周辺で終わる。

「指定職である審議官(局長の下)までいければ十分で、仕事ができなかったり不祥事など問題があるとなかには課長にさえなれない人もいる。課長と言えば、だいたい家族がいて1100万円代ですが、ニッポンのトップエリートが退職時に1000万円をちょい超えただけ、でいいんですかね。テレビ局の社員だったら25歳くらいの給与なんじゃないですか」(同)

年収1000万円をもらって不満、と言う人は民間では少ないが、日本一偏差値が高く、東大生の中での競争も勝ち抜いて、やっとキャリア官僚になれる割に、給与は低いと言ったら確かにそうだ。

若い頃は徹夜に次ぐ徹夜。政治家と世論の板ばさみになりながら、身を粉にして働く。東大同期で民間企業に就職した者は、50代で役員入りは確実。1800万円から2000万円以上の収入があることは珍しくない。キャリアのプライドとステータスはあっても、収入ではまったく勝ち目がない……それは果たしてどっちがいいのか。同じキャリアでも「指定職」になれるかなれないかで、生涯賃金は大きく変わってくる。

たとえば、現在の中央省庁の事務次官は、50歳前後で「指定職」となり、ここから退省するまでの8年ほどで、生涯賃金の半分にあたる約2億5000万円を稼ぐ計算になる。

もちろん、これは「確変」の始まりに過ぎず、天下りの連チャンがスタートというわけだ。

もちろん、指定職になれなくても天下りのポストはある。

だが、先の若手官僚は言う。

「ポストも減っているいま、出世しないキャリアの定年は54歳くらい。実際は40代から肩たたきは始まり、早く応じればそこそこの天下り先を斡旋されるが、居座ると55歳くらいで放り出され、面倒は見てもらえなくなる」

ここで言う「そこそこ」とは、およそ現在の年収を減らさない程度のポスト、という理解でいいらしい。

そうなると、同じキャリアでも生涯賃金は3億円台前半となり、民間平均より2、3割増し程度。しつこいようだが「東大卒スーパーエリート」なのにこれでいいのか、という気は確かにする。

何よりもつらいのは「デキるノンキャリの視線」だという。

「Ⅰ種で役所に入ったという勲章も、仕事ができなければ重しになるだけ。僕は私大で、ハナから出世レースに参加していないのでまだ気楽だが、東大法学部の同期は、お互い学生時代から知っているからきつい」

最近は、ノンキャリでも指定職に登用されるケースもでてきている。役所の本質でもある「キャリア・ノンキャリ」の上下概念がぶち壊されれば、いったいキャリアにどんな救いが残るのだろう、と余計な同情をしてしまう。

「勝ち組」キャリアの生涯賃金

年齢・役職	推定年収	推定生涯（累計）賃金
22歳　事務官	340万円	340万円
26歳　係長	450万円	1500万円
30歳　課長補佐	600万円	3800万円
33歳　在外公館出向	820万円	5600万円
40歳　企画官・室長	980万円	1億1000万円
45歳　本省課長	1150万円	1億7000万円
50歳　審議官(指定職)	1500万円	2億2000万円
53歳　本省局長(指定職)	1900万円	2億7000万円
57歳　事務次官(指定職)	2500万円	3億6000万円
退職→天下り	退職金8000万円	約4～5億円

泣いて笑って事故って辞めた……

決めてやったぜロング・ラン！ 私の短き「タクシー稼業」物語

文＝小川隆行

「指、10本あるね？」私はそう聞かれ、ドライバーになった。貧しい生活をなんとか脱出してやる…… あるオジサンライターの小さな小さな青春譜。

12年前、とある雑誌の編集プロダクションに入社して1年目の私は、想定外の安月給に悩んでいた。大好きなエロ仕事もあるだけに退社はしたくないのだが、彼女とは結婚もしたい。「二兎を追う者一兎も得ず」とは良く言われるが、「二兎を追ってやる！」と、月12日勤務のタクシーを本業、編集業務を副業にシフトチェンジ。2年間ほど二足の草鞋を履いた。

入社試験は「手と背中」！ エリート扱いされた20代

私がタクシーに乗っていた12年前はバブル崩壊直後。全盛時より客は少なくなっていたが、規制緩和前で今よりは稼げる時代だった。

一生懸命やれば月に40万は稼げるし、およそ20日かかる二種免許取得中も「2年間勤務すればチャラ」との条件付きで1日1万円を保証してくれるという。

面接日。履歴書を見た担当者は「手、見せて」と両手を広げさせた。

「10本あるね。じゃあ次は背中」

〝絵〟のチェックだ。無垢のキャンパスだった私はその場で合格したが、配属後、勤務を終えて会社の風呂に入った際、見事な落書きを持つ方々もチラホラといた。

二種免許試験、地理試験も一発合格しての配属初日。初めて会った課長は、27歳というタクシー業界では極めて若い私を見て「天にも昇る気持ちだった」という。

私の会社には6人の課長がおり、担当運転手約50人の平均水揚げで、ボーナスに差が出る仕組みだった。24時間営業・体力勝負のタクシー稼業、若いほど稼げるのは当たり前。配属された4人のうち3人は50代である。

生まれて初めてエリート扱いをされた私は、軽い点呼を終えて営業所を出発した。

客に聞きながら覚えた道がわからない「初乗務」

タクシーは特殊な運送業務だ。トラックやバスと違い、出発地と到着地は客の都合で決まる。

郊外都市なら出発地はほぼターミナル駅だが、私の勤務地は道端に客が溢れる東京23区内。出発地がまちまちなため、「23区でタクシーができれば全国どこでも乗れる」と言われる。ご存知の通り、23区は皇居を中心に縦横に道が延びており、最短・最速距離は慣れないとわからない。もちろん当時はカーナビもない。

そんな状況で、初乗務の運転手はどうするか。答えは簡単。「客に聞く」のだ。「お待たせいたしました。どちらまでですか？」という言葉の後、「実は私、運転手になって日が浅いもので、道がよくわかりません。お教えいただけないでしょうか」とへりくだって経験を重ねていくのだ。

「なんだ！　運転手のクセに道も知らないのか！」と罵倒してきた客は皆無だったが、深夜、赤坂で乗せた金髪女性連れ外人男には困った。英語ではへりくだれないし道を尋ねることもできない。

「乗車拒否はクビ！」と課長に厳命されている。外人男は「ニューオータニ！」と一言。焦った私は地図を広げてオロオロ。外人男は「ホテール！」「ゴーストレイト！」と怒鳴り散らすが、汗が噴き出した私に訳する余裕はない。

私は途中で車を停め、空車に手を上げ道を尋ねていた。

〝空港狙い〟に〝残党狩り〟青タン終了まで目一杯！

初乗務の水揚げは6万円ジャスト。その月の平均は5万円だった。経験の少ない運転手がベテランを上回るのは、タクシー業界では当たり前なのである。ベテランは途中で居眠りしたり麻雀したり馬券を買ったりｅｔｃ……。

一方、一生懸命の私に睡魔はなく、走れば走るほど水揚げも上がることを体感した。ツキ(運)もそうだが、都心3区(千代田区、港区、中央区)は道端で客が拾えるので、東京タクシーの水揚げは流す(走る)ことで高まる。

1日24時間走りまくり、タコメーター（時間ごとに速度が記録されるチャート）をヒマワリ(走りまくったときの形状)にすることがコツだった。ちなみに〝横綱〟と呼ばれる、常に番付1位の運転手は休憩時間も取らずに1日8万円平均、手取り50万円を稼いでいたが、普通の運転手が完全休息する乗務明けの日に、私は編プロで8時間バイトしている。24時間走りまくりはとてもできない。そこで「いかに乗車率を上げるか」を考えた。

朝6時から8時までは道が空いているため8000円近く稼げる。朝早い飛行機に乗るため羽田空港へ向かう客も期待できる。高速で6000円ナリ。乗せられない場合は六本木へ。「残党狩り」と呼ばれる酔客狙いだ。酒ほど財布のヒモを軽くしてくれるものはない。

8時を過ぎると通勤客。9時以降は営業のサラリーマンや築地での仕入れ客だ。昼飯は、一発長打が期待できる東京駅（タクシーが長蛇の列なので、乗せるまで30分ほどかかる）で客待ちの間に済ます。午後は都心3区を中心に7時まで走り続け、10時まで仮眠。すっきりしたら銀座・赤坂・六本木・歌舞伎町・渋谷へ出動、青タン（深夜料金）が終わる5時までひたすら走る。

空車時のテクニックも覚えた。信号のかわり目では無理をせず、左車線の先頭で停車する。ウイークデーは皇居に向かい、土曜は山手線周辺を走り、日曜は皇居から遠ざかる。大安は結婚式場、東京ドームの巨人戦や両国国技館の大相撲など各種イベントも徹底マーク。こうした走り方で50％の乗車率（全走行距離のうち、客を乗せた距離の割合）を保った。夜の客がいない日曜と月曜は落ち込むものの、水揚げは平均7万円。朝6時から翌朝5時のうち3時間休憩なので1日20時間労働だ。月給は手取りで7万円×月13日×50％（あまりに複雑な計算式なので覚えていないが、おおむね税込58％、手取り50％となる）＝45万5000円。時給に換算すると1750円。番付は50人中10位以内をキープしていた。

景気のいいオバケ客、ご乗車いただいた有名人

稼げないベテラン運転手は口々に「ゴミ（ワンメーター客の隠語）ばっか」と愚痴を言っていたが、タクシーを始めたばかりの私は毎日が楽しく、近距離客でも不思議とつ

ながっていく。

ワンメーターもつながれば貴重なのである。ポジティブに流していると、羽田空港までの客を降ろした途端、「羽田空港ありませんか！」という無線が入る。すると「成田空港行って！」という客だったりするのだ。タクシーが極端に少なくなる1月1日に乗務したらマンシュウ（1万円以上の客）5発で12万円という信じられない水揚げとなったこともある。

同僚の中には「老人ホームを飛び出したお年寄りを福井まで乗せた」とか「目が血走ったヤクザ風の男から50万渡され、恐々と広島まで行ってきた」などオバケ（超ロング。出そうで出ないことから）を乗せた運転手もいたが、私といえば浅草からJRAの美浦トレーニングセンター（茨城県稲敷市）までの往復6万円が最高金額だった。副業の編集業務で競馬雑誌を作っていたとき、「G1ジョッキーインタビュー」の仕事で某騎手を迎えに行き、そのままインタビュアーとして登場。運転手をしながら原稿も担当したのだが、このときには、さすがのG1ジョッキーも目を丸くしてたっけ……。

チップに紹介料！　余力も多いタクシー稼業

手取り以外の楽しみが多いのもタクシーの特徴だった。

まずはチップ。銀座のホステスと客のカップルは〝アフター〟や〝女のマンション〟で降りてしまうため敬遠されがちだったが、釣りはほとんど受け取らないし、フラれて横浜や千葉に帰るパターンもあった。後部座席で男性客の口説きが始まると「フラれろ、フラれろ！」と心の中で呟いていたことは言うまでもない。

また、泥酔客も嘔吐の危険から乗車拒否されるのが当たり前だったが、乗せてみると意外におもしろかった。千円札と1万円札を間違えてくれるのだ。呂律の回らない客が、「釣りはいいんねえよ！」とワンメーターで1万円をくれたことがある。もちろん脱兎の如く走り去った。とはいえ、吐かれて仕事にならないケースもあったが……。

勤務後には車内を清掃するのだが、座席シートを開けると100円玉や500円玉が落ちている。金額とすれば微々たるものだがなぜか嬉しい。金券ショップでは1万500円分のタクシークーポンが9800円で買えた。差額の700円は昼飯代だ。今のクーポンは500円のサービス分がついていない。同じように考えた運転手が多かったせいだろう。

友人をドライバーとして勧誘すると、会社から5万円ほど謝礼が出た。私は2年間で友人を2人ほど同僚にしたが、会社によっては、この制度は今でも生きている。

タクシー最大の余得が「洗車屋」だ。運転手は勤務後、必ず洗車をして翌日の運転手に車を渡すのだが、1台あたり1000円で洗車を請け負う運転手がいるのだ。

スピーディにやれば20分で終わるため、1時間あたり3000円稼げる。客もまばらな4時前に車庫に帰り、7時まで洗車してる運転手も少なくなかった。洗車もこれまた、今でも存在する裏仕事だ。

時効だから話すが、後部座席に未使用のタクシーチケットが落ちていたことがある。どさくさに紛れて2万円と記入、納金したのは私です、ハイ。また、チケットは必ず使用客に金額を記入してもらわなければならないのだが、某テレビ局から素人の出演者を乗せたとき、「こちらで記入しておきますょぉ」とニコニコしながら受け取り、上乗せ記入したこともあった。もっとも今はカード客が大半を占め、チケット客は当時の3分の1だという。

罰金50万円の大事故でモチベーション急降下

しかし、好事魔多し。タクシーに乗って2年が過ぎたころ。目標だった結婚も果たし、編集業務を主とするべくタクシーに乗る時間を減らしていた矢先、私は大事故を起こしてしまう。

前日深夜まで雑誌の仕事をし、一睡もせず出勤した日のこと。右折禁止場所で右折するという「プロドライバーにあってはならない行為」でバイクとぶつかり、全治1ヶ月の重症を負わせてしまった。

免停120日、罰金は職業運転手につき何と50万円。会社が10万円出してくれたが残り40万円は自己負担……。もはやモチベーションのモの字もなくなり、私はタクシーを降りる決意をした。

長いような短いようなタクシー稼業だったが、人の動きが見えたり、大企業の連中の会話を聞けたり、外人客と英語で話せるようになったり、馬券好きな客と予想し合ったり、タイプの女性客と楽しく話せたり、ときにはお年寄りから感謝されたりと、わが人生において貴重な2年間だった。

篭ヌケ(乗り逃げ)も2回ほどされたが、どれもこれも今となってはいい思い出だ。女性客とのムフフな一時? 同僚の中には楽しんでいた元ホストもいたが、私自身は、「ねぇ、運転手さん、隣り(助手席)行ってもいーぃ?」と甘い声で迫る客を新宿2丁目で乗せたのが唯一の色っぽい話だった。降ろすまでの間、耳に息を吹きかけられ首筋を撫でられっぱなしだった。

労働条件段違い! タクシー業界の12年前と今

現在は規制緩和による自由化でタクシー台数が12年前より7000台近く増え、客は大幅に減っている。あまりにタクシーを増やしすぎたことで稼げなくなった乗務員が辞め、休車が相次いでいるという。

乗務員の稼ぎも減る一方だ。最近の平均乗車率は42%だとか。12年前は1日365

キロのうち半分の182キロを乗せていたが、今は153キロと30キロも落ち込んでいる。350メートル90円の単純計算で、1日あたり8000円の減収だ。東京などまだマシで、テレビで再三放映されている通り、大阪や京都の乗車率は落ち込む一方で15％という報告もある。バイトする運転手も少なくないだろう。

また、今は乗車料金が9000円を超えると超過料金から10％を割引、さらに合計金額から12％を割引いているという。割引分は運転手の自己負担だ。さらに、あの時代は24時間営業が当たり前だったが、現在は監査が厳しく、出庫から帰庫まで4時間開いていなければならない。労働時間も週40時間が上限とされた。近い将来、GPSシステムが導入されると、業務日報が自動的に記録され、業務指導の目をくぐりぬけて稼ぐことも不可能になるとか。

「手取り20万円台が一番多いね。乗務員の半分は年金暮らしの退職者で、月8回、のんびりと勤務してるよ。30万円後半を稼ぐにはよほど頑張らなければならないし、月に100万の水揚げは、夕方4時から朝4時までの、一部の日勤者ぐらいだよ」（都内の運転手）

12年前と比べて労働条件は如実に悪くなっている。私が運転手に戻りたくても、それはもう、許されないのかもしれない。

※この文章は06年に書かれたものです。

目をむく給与格差

商社

年収700万円

「儲かっている部署」に行きたい！
成果主義と社内競争の果て

06年3月期決算では、多くの総合商社が最高益を更新した。上位企業の平均年収は、全業種の中でもトップクラス。学生の就職人気でも不動の金メダル。そんな黄金期が再びやってきたかのようだ。

「商社マン」——世界を股にかけるバリバリのエリートサラリーマンというイメージ

は、今も変わらない。当然、儲けているに違いない……だがそう思うのは早計だ。

　某大手総合商社の管理部門で働くAさん(25歳)。海外企業を相手に直接取引する営業マンではなく、専門知識を武器に営業をサポートする役割だ。学生時代は資格試験の勉強に打ち込んだが、国際ビジネスの最前線に興味を持ち、商社への入社を決めた。

「国際取引に付随する為替や保険、法律といった問題への対処が僕の仕事です。営業マンが海外に飛び、商談をまとめれば当然大きな利益を生むのですが、周辺のリスクを回避することも最近では重要視されてるんです。リターンとコストを比較して、見合わない取引だったらやめさせる。さしずめコストカッターといった役回りですね」

　社内向けの仕事を多く担当している関係上、商社マンの酸いも甘いもつぶさに観察してきたという。

「営業マンは20代までは年功序列、30代からは成果主義というのが基本ですね。でも、30代以上の給与格差って、ホントすごいんですよ」

　役職についていても固定給はほぼ変わらず、残業代は出なくなるというのは他の会社と同じ。差が出るのはボーナスだとAさんは語る。

「ボーナスの額は、所属する営業部が利益を出しているかどうかにもろに左右されます。儲かっている部署に就いた人は10年目でボーナスが給与の12ヶ月分を超えます。エネルギー関連なんかは、前年比6割増しの利益で、ボーナスも同じ割合で伸びていく。30代前半で早々と年収1000万円も夢じゃないです」

しかし、儲からない部署に行くとそこには悲惨な現実が待っている。

「当然ボーナスは少なく、役職について年収が下がる人もいるほど。それだけじゃなく、リストラでその部署の人を多く切っているから、残業は多い。ならば、部署ごと撤退してしまえという声も社内にあるんですが、昔からの取引先もあるから切れないという古い体質も残っている。だから、その部署についている人は逃げられない。まさに給与と時間のデフレスパイラルです」

どの部署に配属されるか、それが営業マンにとっては人生最大の分岐点なのだ。

一方、20代の若手商社マンの実態はどうなのか。給与格差は少ないものの、仕事に忙殺される毎日だとAさんは言う。

「いきなり華々しく海外デビュー、と考えるのは大間違い。モノの流れ、おカネの流れを徹底的に叩き込むため、営業マンのサポート役に回されるのが現実です。山のような書類と格闘する日々で、一日中エクセルを打ち込む根性がないと厳しい(笑)。中には、物流の仕組みを覚えて早々と独立、起業をする賢いヤツもいます。成功すれば、それが一番儲かりますから。ですが、華やかなイメージを持って入社した人は、現実に幻滅し、1、2年で辞めていきます」

ところで、あなたの給与の額、一体いくら?

「管理部門は営業の儲かっている人、儲かってない人の中間という感じです。１年目は、他の企業と同じくらい。月収21万、残業代が結構よくて月10万。ボーナスが約80万だから、年収額面４６０万。手取りでいえば約３４０万円ですね」

しかし、目下絶好調の商社。２年目はグンと伸びた。

「固定給が月28万、残業代が月15万に急上昇したんです。１年目と違い、２年目はボーナスは満額もらえるから約１１０万。年収額面は６３０万になって、手取りはちょうど５００万円くらい……あれ、結構もらっているんですね(笑)。でも、この後は５年目にもう一回上昇して、固定給の上昇カーブはほぼ終わり。ウチの会社では、管理部門が重役になることもほとんどありません。あとは営業に差をつけられる一方ですねぇ」

30代半ばで営業部門の「成功者」は約１２００万。管理部門だと約８００万といったところだ。40代になると、この差はさらに開くという。「安定はしているが、高望みはできない」格差の現実を見つめるＡさんはそうつぶやくのだった。

「金貸し」は儲からない？

消費者金融

年収500万円

スタートは泥沼の日々
耐えて、頑張れば楽園へワープ

消費者金融大手Q社で次長職にある赤塚雄二氏（仮名・48歳）は、入社25年目。都立の商業高校を卒業後、二、三職を転々とし25歳で入社した。「冬の時代」が始まる前である。

「初任給は12万くらいだったかな。私は都内で入社試験を受けたから本社採用でしたが、当時は支店採用もありましたね。大学卒なんてのはほとんどいなくて、高卒上がりの奴や転職組ばっかり」

そのころは、よほど飲み込みの悪い社員でもない限り、入社2年目には支店長になれた。中途で入ったので、翌年初めてもらったボーナスが58万円。前職よりも良かったという。

若かったので仕事はつらいとは思わなかった。イケイケドンドンの時代で、貸せるだけ貸した。きついのは回収だ。

「業界ではそのころ、返済が滞っている人には脅しすかしが当たり前でしたよ。でもウチとZ社は敢えてソフト路線を取っていました。『どうしました？　困っているんだったら相談に乗りますよ』ってね。優しくされると人間は弱い。最初はきつい回収をしてくる業者の分を先に払いますが、徐々にこちらのほうを優先して返してくれる」

そんな戦術が奏功して、赤塚氏は次第に頭角を現し、まあまあの出世をしていった。しかし高金利・過剰融資・悪質取り立ての「サラ金3悪」キャンペーンを発端に業界への批判が強まり、83年を境に〝冬の時代〟に突入、リストラを敢行し支店を大幅に減らした。その後のバブル経済期以降は、前述のとおりの業界最盛期が続き、96年の上場以後も安定企業の仲間入りをした。

「昔は2年目に支店長でしたが、いまじゃ10年経ってもなれない。無人機が増えたし、

30歳代前半で支店長というのが一般的ですかね」

Q社では30歳中盤に係長に昇格するのがひとつのパターンだ。係長になると120万から200万ほど年収が一挙に上がる。それで400万強の年収だから、「係長以下の下っ端は安月給」(赤塚氏)だ。

昔は定着率が悪く、年間2割は辞めていった。株式上場してからは、辞める社員はわずかである。

40歳から45歳で課長になると年収は1000万を突破する。課長になると、貯金ができるといわれるそうだ。次長で1200万、部長で1400万といったところらしい。

「オーナーが組合嫌いでね。それで毎年、春闘相場の少し上の賃上げ額を出していました」

いまの出世コースは、利用者の管理・督促を集約化するコールセンターのマネージャーをはじめとしたマネジメント職。この業界も業務効率重視の傾向にある。イケイケドンドンはもう古いのだ。

何かと話題の多いX社は、待遇面でも業界大手のなかで異彩を放つ。80年代の成長期は通年採用で社員を入れたが、3割は辞めていくので、半年もいれば支店長になった。支店長の促成栽培方法はこうだ。

数年前に退職した片山信次氏(仮名・47歳)が回顧する。

「入社すると支店で請求事務をやらされる。手始めは返済1～2日遅れの利用者に『ソフトタッチ』の電話請求をやり、その後7日遅れ、2週間遅れの延滞者の電話請求をする。それから先の1ヶ月以上の延滞者は剛の者ぞろいで、『ねえものはねえんだっ』と逆襲されるので、先輩と同行して集金に出かける」

こうして半年で支店長が誕生する。

給与は大手の中でもトップだった。目標(世間体を気にして「ノルマ」という言葉はタブーだった)を達成すれば、もの凄い給与が手に入った。23歳で年収800万、30歳で1000万はザラだった。ただし朝の7時から夜の10時過ぎまで働きどおし。朝は店長自らティッシュ配りで街頭に立ち、出勤前の延滞客を狙った「朝請求」の電話をかけまくる。休む暇などない。

X社は徹底した現場優先主義だ。支店長は本社組織では係長に相当する。30歳で1000万もらっていた支店長が本社に横滑りで異動すると、年収は200万ほど減る。異動を渋る店長がいたら、「あと200万出してやればええがな」のオーナーの鶴の一声で決まる。本当にいやならクビが飛ぶ。

「あの会社はけっきょく、上司やオーナーに気に入られるかどうかで出世も給料も決まります。なにせ規則はあってないようなものだから、異例の昇格・特進もあれば、何の落ち度もないのにボーナスが4分の一になり、即日降格というケースもある」

　支社長が本社の部長に当たるが、このクラスで年収1200万から1800万。その先は役員候補か、日がな請求事務ばかりに追われる管理室詰めになる。

「でも持ち株会で昔からコツコツ買い増ししていた人は、店頭公開以後は株価が急上昇したので、50歳以上の人のなかには上手く売り抜けて億万長者になった人もいるんです」

　いまは年収も昔と比べれば2割程度は落ちているというが、昔は3年勤めてお金を貯め、さっさと辞める人が多かったという。

「それで業界の佐川急便といわれていました」(片山氏)

　実力主義のX社だが、意外にも本社は学

「金貸しは儲かる」のは確かだが……(写真／金子 靖)

歴重視の世界である。

「マスコミ人脈のある早稲田出身がいちばん重用されます。次いで慶応ですが幼稚舎からのエレベーター組は駄目。明治も人気がある。オーナーの体育会系好みですかね」

逆に疎んじられるのが法政と青山学院。左翼のイメージとぼっちゃん体質のゆえらしい。

「オーナーに気に入られるのが出世の早道だとみんな知っているから、とんでもないことを言い出す人もいました。以前、批判的な記事が出るという噂があって、なんとかしろとのオーナーの命令に『輪転機に手を突っ込んでも阻止して見せますっ！』と意気込んだ部長がいました(笑)」

オーナーの死後、X社も社風に変化が生じつつある。現社長は一度退任した人だが、一貫して同社の業務を統括してきた。それだけに、「歯向かう人間はまずいないでしょう」(片山氏)という。今日の部長は明日のヒラというのが日常茶飯事だっただけに、普通の企業にすることができるかどうか。現社長の手腕がX社の命運を握っている。

収入が凄いのは約5人だけ

プロ棋士（将棋）

年収6000万円

「悲願の特例プロ入り」棋士が「年収半減」という気になる話

05年の将棋界で、最も話題を集めたできごとといえば、「瀬川アマのプロ入り直訴」であっただろう。

アマチュアの強豪棋士であった瀬川晶司（当時35歳）さんが、プロ棋士との公式対戦成績「17勝7敗」という数字をひっさげ、将棋連盟にプロ入りを直訴。

それを受けた米長将棋連盟会長が編入試験の実施を許可し、プロ相手の６番勝負で３勝（５戦）をあげ、晴れてプロ入りしたというのがいきさつだ。

瀬川さんはもともとプロ棋士を目指す「奨励会」に所属していたが、プロ＝４段を目前にしながら年齢制限で退会。その後、ＮＥＣの子会社で年収４００万円のサラリーマン生活を送っていた。

問題はここからである。社会人野球の選手がプロ野球入りすれば、年収の10倍以上の契約金がもらえ、活躍しだいでさらに稼ぐことが可能だ。しかし、瀬川さんの心配は「プロになっても当面、年収が下がる」という点にあった。

プロ棋士は実力に応じてＡ級〜Ｃ２級の５段階、およびフリークラスに分類されている。この分類は「名人戦」の予選である「順位戦」の成績によってきめられ、１年に１度、昇級・降級がある。

プロ棋士の基本給与は、この「順位戦」に基づくランクと、１局あたりの対局料によって決められる。Ａ級の棋士がすべて同じではなく、通算勝利数などの年功などが加味されるしくみだ。

そして、タイトル戦（主要なもので７つ）を争い、タイトルホルダーになれば、１０００万円クラスから上は「竜王」（読売新聞主催）の３２００万円までが転がり込む。ここ数年は数人の棋士がタイトルを寡占する状態が続いており、常に３〜４冠を維持する羽生善治と、竜王の渡辺明、名人の森内俊之など若手A級棋士が年収5000万円を突破。

しかし、120人(女流・フリークラス除く)ほどいるプロ棋士でも、年収2000万円を稼いでいるのは10人程度で、中堅から下位の棋士は、200万円台から500万円という年収はザラだ。年齢50代で下位に低迷すると、コツコツ勤めたサラリーマンの5分の1の年収、なんてこともありうるのだ。

たとえば一番下のC2だと、基本給が10万円台、そして対局料は6000円から1万円。年間対局数のトップが羽生で70局程度だから、将棋だけでは年収300万円も難しい計算になる。これでは、強くなければプロになっても喜べない。

前出の瀬川さんの場合、まず「C2」の下の「フリークラス」に転出、そこから一定の勝率をあげることによって順位戦出場権利がある「C2」に進めるしくみ。したがって初年度の将棋の年収は100万円台と思われる。つまり、サラリーマン時代よりプロになったほうが年収が下がると言うわけだ。(もっともプロ入り試験が大いに話題になり、本の出版や、勤務先の親会社NECがスポンサーにつくなどしたため、この年は副収入だけで1000万円は超えたであろう)

そこで、一部のスター棋士以外のほとんどはアルバイトをしている。雑誌や新聞に詰将棋を寄稿したり、各地道場の顧問、そしておいしいのは「大企業」の将棋部顧問に就任することだ。しかし、これらとてせめて1度くらいはタイトルを経験しないとお声がかからないから、大半の棋士は地道にアマチュア指導に精を出している。

06年、将棋連盟は伝統の「名人戦」を毎日新聞から朝日新聞に移す計画を発表し、大騒動が起きた。背景には、将棋連盟の財源難があるといわれている。より高い金を出すスポンサーにいつでも乗り換えるぞ、という宣言と言うわけだ（08年より両社の共催になった）。

好きなことをして遊んでいるように見える棋士の生活も、けっして楽ではないのである。

本当に稼ぐのは上位の数名だけ

順位	棋士名		2005年分（万円）	2004年分（万円）	2004年順位
1	羽生善治	四冠	10,391	11,272	1
2	森内俊之	名人	7,117	10,833	2
3	渡辺　明	竜王	6,194	2,442	6
4	佐藤康光	棋聖	5,040	4,051	4
5	谷川浩司	九段	2,844	4,673	3
6	三浦弘行	八段	2,637	1,772	10
7	山﨑隆之	六段	2,299	1,327	17
8	木村一基	七段	2,286	991	34
9	藤井　猛	九段	1,981	1,512	13
10	深浦康市	八段	1,954	2,384	8
11	郷田真隆	九段	1,934	1,456	15
12	丸山忠久	九段	1,898	2,785	5
13	森下　卓	九段	1,622	1,785	9
14	久保利明	八段	1,595	2,407	7
15	鈴木大介	八段	1,479	1,553	12
16	阿部　隆	八段	1,372	1,135	24
17	先崎　学	八段	1,356	1,728	11
18	中村　修	八段	1,334	1,068	26
19	島　朗	八段	1,327	1,220	19
20	中原　誠	永世十段	1,220	1,468	14

※06年現在

給与はコンビニ級の空飛ぶOL
CA（スチュワーデス）

年収 ２７０万円

最強の「合コン」メンバー「スッチー」今昔物語

ある朝は、パリのカフェで。２日間、機上の人となり、次のオフは香港のホテルでディナー……。

こんな国際線スチュワーデス幻想をいまだに抱く方は少ないかもしれないが、客室乗務員（ＣＡ、キャビンアテンダント）の残酷物語が叫ばれて久しい。

80年代から90年代にかけ、女子アナと並びS級の就職先となっていた「スチュワーデス」。横綱やプロ野球選手と結婚したりするなど、日本での合コン・就職偏差値は最高ランクとされたが、いまは呼び名も変わり、随分イメージも変わってきた。

航空業界の業績悪化にともない90年代なかばから各社が導入した「契約CA制度」で、正社員の客室乗務員は減り、給与水準も半分にまで下がったからである。

ある現役国内線パイロットの話。

「バブル時代に、JAL、ANAに正社員として入社した〝スチュワーデス〟は、2年目で1000万円近い収入でした。ちやほやされますし、われわれから見ても、ちょっと異常な人たちが入ってきているな、という感じはあった。香港やシンガポールで、毎週20万円以上のブランド品を買い、現地の外国人男性と浮名を流す……。

それと比べると、いまは本当に志のある人が多いと思いますよ。収入は契約社員なので、月給20万円程度、ボーナスなしの年収250万円程度だと思いますが……それでも、倍率は30倍から50倍と、給料だけ考えたら異常なほどの人気を維持していますからね」

いまだ「なりたい職業アンケート」で上位に来るフライトアテンダントではあるが、給与と職業人気はこうも無関係でいられるものなのだろうかと考えてしまう。

現在の航空各社は、おおむね次のような制度をとっている。つまり、最初は契約社員として採用され、国際線乗務員でも年収は200万円台。それを3年ほど続け、登用試験に合格すると晴れて正社員になるが、それでも年収400万円台からのスタートとなる。

勤務は不規則で、その航空会社の定期航路を週に3～4フライトこなすが、時差の関係上体調管理が大変で、遊ぶ余裕はあまりない。

先のパイロットは語る。

「彼女たちに一番多いのは、仕事に対する幻滅。秀でた語学力を具体的に活かす場面というのは実はそれほどなく、しかも機内での仕事は食事の配膳。旅行が好きで、買い物が好きという単純な人はいいかも知れないが、向上心を持ってしまうと、この仕事の意外な〝狭さ〟に気づいてしまう。

もうひとつは、人気があるのはあくまで国際線乗務ということ。彼女たちの意識は外国にあって、羽田空港に用はない。なんとかこの世界に潜り込んでも、そちらへ行けなければ、まったく、やりがいはないのです」

現在、国内航空会社の客室乗務員の平均給与は約670万円（平均年齢34・4歳、労働省賃金構造基本統計調査による）。

およそ20年前の水準に落ちているだけではなく、ここに含まれない契約社員の給与を入れると、平均は200万円ほど下がる。

給与では最高水準のＪＡＬにも、その経営状況にかんがみ「高給批判」は根強く、この先さらに削減されていく可能性は高い。

ＣＡに比べ、パイロットの高給はいまだ健在だ。やはり花形の国際線であれば、30歳で１０００万円には必ず到達し、機長に抜擢されれば40代の前に１８００万円以上。

「以前は、パイロットと結婚するスチュワーデスはそれほど多くなかった。もっと上を狙っていたからね。でも、最近は多い。わずか1年で〝寿退社〟なんてこともある。やはり大きな収入格差が関係していると思う」（前出のパイロット）

ここ数年、労使紛争が絶えない航空業界。キャビンアテンダントも無縁ではいられない（写真／共同通信社）

「ひと船1000万円」の真実

マグロ漁船

年収500万円

伝説の仕事も「募集なし」
「遠洋漁業」で一攫千金のウソ

「期間は1年。戻ってきた日には、1000万円」

こんな夢のある「マグロ漁船」の話を聞いたことはないだろうか。

遠洋を回遊するマグロを獲り、港みなとでひとときの休息。あるいは、借金取りに追われた男が、決死の覚悟で「返済」及び「逃亡」も兼ね、決死の出港？

「ほんとのことを言えば、全部うそですね」

というのは静岡県のさる漁協関係者である。

「その手の問い合わせはいまでも根強くて、ひと月に何回か、そうした船はないか、乗るにはどうしたらいいかという問い合わせがあります。しかし、マグロだけじゃなくカツオでもイカでも、そんなに稼げる船は無いです。いま、世界でマグロの需要が増えていて、しかも全然、とれない。日本は買い負けている状況で、人件費の安い外国のマグロ船に対抗しようとしたら、燃費もあがっているいまそんな給与が出せるはずが無いんです。募集もあまり無いはずです」

実際の日本のマグロ漁船は、日本人だけ船長のあとはフィリピン人ほかという多国籍軍。10ヶ月の航海（実働は８ヶ月程度）で船長でも年収５００万円いけばいいほうだという。

「限定された空間で話し相手も少ない。もし船のエンジニアリングができる航海士であれば、給与にオプションが付きますが、単なる船員では、月10万円〜20万円。ただ、確かに金は使わないので貯めることはできますが……」

海のロマンも現実は厳しそうだ。

「誘拐犯」もびっくり！

医者

年収700万円

開業医を除けば「医者は金持ち」時代の終焉

整形や豊胸手術で有名なカリスマ女性美容外科医の娘が、女子大に通うところを誘拐され「3億円」の身代金を要求された事件は、「医者は金持ち」の概念が浸透していることをうかがわせたが、実際「勤務医はおいしくない」時代に入っていることは、当の医療界では常識である。

労働省の調査では、勤務医平均年収1050万円（平均39・9歳、05年）ということになっているが、超高額な授業料（年間数千万円）を6年以上支払い、ステータスもあるとされる職業にしては、少ない身入りだ。医師数も過剰で、将来も不安が伴う。

医師には、病院勤務の「勤務医」と、個人でクリニックを開く「開業医」がある。医大卒業後、研修医を経て道が分かれるが、新たに開業するには莫大な資金が必要で、たいていの開業医は「親の医院を継ぐ」ケースである。

医学生と研修医は厳しい。大学病院での平均給与は20万円程度で決まっており、コンタクトレンズ店でのバイトや、年末年始などの臨時補助で月に10万円ほどを上乗せする。忙しさはハードで、年収４００万程度。１浪して医学部に入り、研修医が終わる頃には30歳手前になっている。98年、研修医が過度のバイトで死亡した事件をきっかけに、この研修医のありかたも見直されており、金銭面だけで言えば不遇の職業だ。

それが、晴れて開業医になれば、一気に年収はアップする。「無保険」の整形外科などは高額納税者の常連だし、リスクが高く人気の無い産婦人科医は「稼げる」と言われる。だが、一方で大学病院に勤務する内科医、外科医の年収は、大きくは上がらない。

基本は年功で、勤務10年（40歳）で８００万円～１０００万円。朝７時に出勤し、夜は12時すぎまでという生活が終わらない。50代で部長、副院長と出世すれば、年収ベースで１６００万円～２０００万円に到達するが、この場合よくある悩みが「教育費」。医師は子供を医学部に入れようとするケースが多いため、高額な年間数千万円の入学料と寄付金は、勤務医にとっては重い数字だ。

「下流」と「上流」の狭間

百貨店

年収２５０万円

少々華やか、手取り２５０万円の「イッツ・ア・スモールワールド」

コンビニエンスストア、郊外型ショッピングセンターが次々と進出し、ながらく苦境に立たされてきた百貨店業界。メーカーに依存した「殿様商売」も、転換を余儀なくされた。しかしここ最近は、景気好転の波も受けて、富裕者層の購買意欲も回復。売上も下げ止まる傾向にある（06年現在）。

高級志向の顧客に上質なブランド品を販売する。いかにも、華やかな職場だ。しかし、上品な身なりの販売員は、ある「悩み」を抱えている。大手百貨店に勤める販売社員、Aさん(25)も、その1人だ。

Aさんは今年で入社3年目。高級寝具やバス雑貨などを店頭で販売している。お客様と直接コミュニケーションを取り、満足してもらう仕事に憧れて、入社を決めた。

しかし、待ちかまえていた現実はなかなか過酷なものだった。

「基本的には売り場に立つ仕事ですが、商品発注や企画の立案もやっています。勤務時間は1日約9時間くらいだけど、ずっと立ち仕事だし、お客様の注文も細かいので、結構ハードワークです。特にお中元、お歳暮の時期なんかは、火の出るような忙しさですね。また、パソコンも倉庫にある一台をみんなで分け合って使う、今の時代には珍しいローテクな職場なんです」

同じ売り場に社員が約10人。ローテを組んで仕事を行う。その他にも、取引先の出向者やパートなども入り混じり、人間関係はわりと複雑なようだ。

「店長やマネージャー、商品担当責任者とか、管理職がいろいろいるんです。誰の指示を聞けばいいのかわからなくなる。その場の雰囲気や人間関係で上下関係が変動しますからね。同じ顔を付き合わせる狭い関係の中で、うまくやっていかないとツライ。パートのおばさんの噂話には閉口しちゃいます……(苦笑)」

厄介な噂を立てないよう、人間関係には特に気を払わなければならない、細かい世界のようだ。しかし、耐えればそれだけで出世が約束されるわけでもない。

「研修もあるけど、行き当たりばったりの内容。売り場に拘束される時間が長いので、自分で意識的にプランを立ててスキルアップを目指さないと、何も身に付かない。たとえば将来、海外の販売店に行きたいと考えたとしても、自分のおカネで語学を身につけなくっちゃ絶対無理なんです。会社に期待して依存する人は、ドロップアウト間違いなし。いつまでたっても売り場の下っ端、という中高年社員もたくさんいます」

いよいよ話は本題に入る。

販売員の最大の悩みは、やはり「おカネ」の問題だとAさんは言う。

「基本的に、給料がぜんぜん上がらないんです。初任給は固定給が20万、残業が時給1500円で、月だいたい3万くらい。ボーナスを入れると年収額面約320万、手取りで約250万といったところ。これが、5年目くらいまではほとんど変わらないんです。2年目に上がった固定給は、月たったの2400円……」

また、一般的に役職に就くのは30歳を超えたころだという。それでも、30歳半ば役職付きで、手取り400万に届くかどうかという世界だそうだ。他の営業職と比較してもかなり少ない水準だ。さらに、どんなに頑張って販売成績を上げても、給料への影響は極めて小さいのだ。

「おカネ目当てで入社してくる人は、絶対いないと言ってもいいほどです。お客様の笑顔を見たいとか、将来独立してショップを持ちたいとか、別の動機ややりがいがないとやっていけない職場でしょうね」

安月給に目をつむり、接客が好きで百貨店に勤めるならば、それはたしかに１つの自己実現かもしれない。しかし、そこには大きな大きなワナがある。

「売り場に並ぶ商品は、どれも一流の高級品。いいものに囲まれて仕事しているわけです。どうしても、『自分のものにしたい』という誘惑に駆られちゃうんです」

さらに社員には、店舗に並ぶ商品を１〜２割引で買える制度がある。物欲に火がついてしまうことも無理らしからぬことだ。

「ついつい背伸びして、ブランド品を買ってしまうんです。僕もその１人なんですが、ホント浪費家ばっかりです(笑)。安い給料にぶつぶつ文句言いながら、ぜいたく品ばっかりを買う。一度そういう欲が出ちゃうとなかなか節約できなくなるもので、貯金がある人なんて皆無でしょう。女性社員も、おしゃれに夢中になりすぎて、いつまでたっても結婚相手を探せない。まさに『服貧乏』の寄り合い所帯なんです」

安月給なのに浪費癖がつく……もしかしたら、最悪のパターンかもしれない。

「今月入ってきた布団、本当にいいものなんですよ……ああ、自分も欲しくなってきちゃったなぁ」

そうつぶやいて去っていくＡさんが、心配でたまらない。

Column

ある風俗嬢の回想

キャバクラ、ヘルス、ソープからAVまで「時給5000円」だったフーゾク「初任給」

虚実ないまぜのフーゾク業界。20代の一時期、大都会の「夜の砂漠」を放浪したある女性が、赤裸々にその仕事と収入を告白する。

（写真／金子 靖）

スタートは「歌舞伎町」キャバクラ時給1500円

私は近藤奈緒美、長野県出身の31歳。

大学3年生の春、だから、21歳のとき、新宿にあるキャバクラのヘルプの仕事をはじめた。もう10年前になっちゃうのかな。

仕事は「フロムA」で見つけた。海外旅行に行きたかったから。

昼間にもアルバイトはしてました。CS放送のモニターを見て、放送事故なんかがないかどうか、チェックをする仕事。交通費込みで時給800円。これでは、ちょっと稼げないな、と思っていた。

キャバクラは「バックヤードビルダー」という名の、歌舞伎町にある店。「ホンキートンクレディーズ」っていう有名店の姉妹店で、時給は1500円。夜6時から12時までの6時間。店は朝の4時までやっていたけど、私は学生ということで、12時で終わり。

私は見ての通り、背もちっちゃくて、そんなにかわいくもない。あ、でも脱いだらまあまあだよ（笑）。だから、お店では「3枚目」に徹してた。でも他にはかわいい娘、いっぱいいたよ。女子大生も多くて。明治とか、成蹊とか、あと音大生もいっぱいいた。お店にバンドがあったから。音大出て、そのままお店に「就職」しちゃう人もいる。

私はお客さんを全然連れてこれなかったんで、いつもお店から「この給料泥棒！」って言われてた。

お姉さんから「ナオミちゃんもお客さん連れてこなくちゃね」って言われて、まだ携帯電話もなかったから、ピンクの電話に10円玉をいっぱい入れて、夕方、お客さんに電話したこともあったっけ。

「ねえ、ウエムラさん、ナオミだけど、今日、お店、来てくれない？」

「バッカヤロー、ブスの顔見に行くわけないだろ！　会社に電話してくるんじゃねえよ！」

「あの、ショウジさん？　ナオミです。今日…」

「ぎゃはは、チビマル子が営業電話してんの？　ハハハ……」

いつも、こんな調子だったかなあ。

触ったり、触られたりとかもなかったし、仕事の後食事に誘われたこともなかった。でも、昼の仕事と合わせて、月に25万円になってた。毎月1回、印鑑を持っていって、現金でお給料がもらえる。

納税？　そんなこと知らなかったからしてません(笑)。貯めたお金で、当時交際していたイギリス人留学生のところへホームステイさせてもらいに行きました。ウェールズとか、グラスゴーとか、楽しかったな……。

「コンパニオン募集日当3万5000円～」

大学4年生のとき、私なりに就職活動をしたんです。出版社に入りたくて、何社も受けたんだけど、全然、通らなかった。唯一、地元の小さな広告会社に内定が出たんです。キャバクラの仕事は続けてた。そこでお客さんから言われるんです。

「お前、4年生なんだろ。就職とかどうなってんだ?」

私が地元の、誰も知らないような会社の名前を言うと、酔ったお客さんは決まって馬鹿にするんです。

「ハハ！　なーんだその会社！」

いまだったら、なんとも思わないんだけど、私は悔しくて。本当に悔しかった。

だって、私は本当に東京の会社でバリバリ仕事をしたいと思っていたから。

いま思うと、そのころから、少しずつ、私は神経をすり減らしてしまっていたと思う。

結局、地元の小さな会社は行く気が失せてしまって、私はフリーライターとしてそのまま東京でやっていこうとした。

「そんな会社しか入れねーでやんの！」という人たちを、見返してやりたかった。

キャバクラも、大学卒業を機に辞めたんです。

だけど、ライターの仕事なんて、すぐあるわけないですよね。

当初は派遣社員もやっていたけれど、ライターの仕事を最優先させようとすると、すぐに「君はもういいから」とクビになってしまった。

せっぱつまったら、私は何でもやるタイプ。レディコミに出ていた広告を見て電話したんです。

「コンパニオン募集、遅番3万5000円」

電話には落ち着いた男性が出て、こんなことを言いました。

「あなた、ここが何をするところか分かりますか?」

「水商売の経験はあるんですけど」

「水商売の経験だけでは、できないことも……ま、一度お会いしましょうか?」

私が面接に行くと、そこは歌舞伎町の、「30分3900円」という激安ヘルス店だったんです。

私はたいへん、歓迎されました。23歳という年齢は、フーゾク業界では若いといえないけれども、何より未経験者というのがよかったみたい。

説明によると、30分、3900円で　女の子の手取りは2500円。遅番だと夜6時から12時までの6時間だから、12人。それで3万円、稼げるんです。

フーゾクに抵抗は、あんまりなかったです。

次の日から、オヤジのチンポをしゃぶる生活に突入です。

入店の際、顔出しOKかと聞かれましたがやめました。露出OKなら、指名も増えるし、給料にも差が出るんです。でも、そのとき私は、もしいつかライターになれたとき、自分の写真が出回ったらいやだな、と思ってやめたんです。

１日「24人抜き」のハードな肉体労働

それでも、仕事はたいへんでした。なにしろその店は安いだけあって、いつもお客さんが待っている状態なんです。

歌舞伎町ではフーゾクの価格破壊が起きていて、３９００円が当り前みたいな状態でした。

30分でプレイが終わると、次のお客さんのために部屋をセットして、消臭スプレーをかけるまで、わずか１、２分の流れ作業。

昼の12時に入って、そのまま閉店まで、ぶっ通しでやったこともあります。その日は24人ですね。確実に稼げるのはいいけれど……どうしても神経はすり減ってしまう。

入店してから少したったとき、もう少し、条件のいいところはないかな、と思っていろいろ面接を受けたんです。

でも、「11チャンネル」とか「宇多田ヌケル」とかは女の子のレベルが高くて、私のレベルだともう門前払い。私もびっくりするほど、若くてピチピチして、胸も大きくて、色も白くて、スタイルのいい娘がこぞってお店に入っている。私は激安店で働くしかなかった。

変なお客さん、多かったですよ。

クリトリスを執拗に攻めてくるオヤジがいて、さんざんいじったあげく「なんだ、おめえ濡れねえじゃん！」と怒ったり。

こんなこともありました。

どうしても、本番をやらせてくれというんです。

「じゃあ、1、2、3、4、5、6って言ったらやめてね」

でもその男は、6まで数えてもやめなかったんです。

「店長に言うよ！」

私がそう言うと、男はクビを絞めてきました。あれは怖かった。もちろん、そいつには「罰金100万円」払わせてポラ写真を撮りましたけどね。

そんなこんなで、もうこの店はいやだと思って退店し、次は同じ歌舞伎町の韓国式エステの店に入りました。

韓国式といっても女の子はみんな日本人で、マッサージは形式的なもの。実際はヘルスと同じです。

ここは女の子の手取りが8000円。それから、69やオイルマッサージなどがオプションとして設定されていて、それを取ると私たち女の子の収入になるシステム。

でも、前のお店のように、お客さんがひっきりなしにくるというわけじゃなかった。朝、10時くらいから夜の12時までいて、ついたのが4人とかね。

それでも3万以上になるって？　そうなんですけど、その店では私、マネージャーとケンカばっかりしてたんです。

ほかにかわいい娘がいっぱいいて、私はほとんど「虫けら」扱い。指名もオプションも取れなかったから、マネージャーも冷たくて、私もイライラしてたんですね。

このお店は、外国人もOKの店だったので、インド、パキスタン系の人も来ることがあったんです。

そういうとき、マネージャーは必ず私に言いました。

「おいナオミ、お前、英語できるんだろ。インドでも大丈夫だよな！」

ところが、なんと客のインドだかパキスタン人だかが、私の顔を見るなり言うんです。

「ヌッハ！　チェンジ!!」

インド人のくせに!!　それだけでもはらわたが煮えくり返る思いなのに、マネージャーがまた追い討ちをかけます。

「ナオミ、お前インド人にまでチェンジとか言われてるじゃねーか。ハハハ！　このブス！」

さいご、私はこのマネージャーと殴り合いをして店を辞めました。

「2日10万円」というオナニーAVの仕事

あ、そういえばこのマネージャーが一度「AVの仕事がある」と言ってきたことがあります。

「なんでもよ、男優のテクはすげえらしいぜ」

私はもっぱら「拘束2日で10万円」というギャラに興味があったので、その仕事を受けることにしました。

当日はスーツで来いと言われていたので、OLの格好をしていくと、撮影場所は渋谷のホテル街。

なんでも、あの「東電OL殺人事件」(東京電力のキャリアウーマンが渋谷・円山町のホテル街で売春をしていたことがクローズアップされた)をモチーフにしたもので、頭に血のりまでつけて倒れるドラマ仕立て。

その後はひたすらオナニーで、さまざまな道具を自由に使ってオナニーするという、なんともマニアックなビデオだったですね。

いまはAVでもオナニーだけで10万円、なんて仕事はないですよ。企画ものであれば、本番2回、擬似1回でやっと10万円かな……。

お金に困っていたときは別のAVのプロダクションに登録したこともあって、「乱交パーティ」の仕事なんかを斡旋されたこともあった。志願していたのに、なぜか３回も流れちゃって、結局「乱交」はしなかったですけど。好きで「乱交パーティ」に来る女なんているわけないじゃないですか！　99・99％仕事ですよ。そういう事務所が仕込んでるんです。

韓国エステのあとは、池袋の「竹の子はぎ」ヘルス。冬、コートを着た私たち女の子が、通りがかりの男性に「遊んでいかない？」と声をかけ、まず５０００円、それ以上出すと、次々サービスのグレードをアップしていくというシステム。

その店の周辺には「総額１万円」っていうソープが多かったので、お客さんは「５０００円で本番ができる」って勘違いしてる人が多かった。だから、お金をさらに要求しても渋くて、なかには小銭を３００円、５００円と出す人も……そんなとき「札出せよオヤジ！」と思わず口にしてしまったことも。

でも、その店も、割に合わないのですぐに辞めました。

時は流れて……ついに「風呂」の世界へ

私が最後に選んだハダカの仕事は「ソープ」です。

もう、この世界のことは少々分かっていましたから、高級店ではなく、総額１万

3000円という店で働くことにしました。

手取りは8000円ですが、雑費として600円引かれるので、実際は7400円です。この600円は指名が取れれば引かれません。

私は、40代当り前の大衆ソープ界では「23歳」で通用する見た目だったので、これでもとても人気がありました。

そのときは、平日を一般企業で。土日のみ、店で働いていました。

ママからは「ナオミちゃん、あなた昼の仕事やめたほうがいいんじゃない？　専念すれば月100万は軽いわよ」と言われました。

確かに、そのくらい稼げたかも知れないけど、そのときは引越しの資金が貯まればいいやと思っていたので、そこまでする気にならなかったです。

ソープとはいえ薄利多売の店なので、1日5人とか8人の客をこなさなきゃいけない。

店で使うコンドームやボディシャンプーなんかはみんな自腹。だから案外、経費はかかる。

「コンドームは1ダースよりグロス（144個）で買ったほうが安いよ」

とお姉さんに教えられて、確か7000円くらいだったかな。

そうそう、ひと月に1回、梅毒とトリコモナス、カンジダ、ＨＩＶの検査をしなければいけなくて、この費用も自分持ち。

保険が利かないから1万6000円くらいかかる。あと、体の調子が悪くて早退したら罰金1万円とかね。

お店の終わる時間はいつも夜中の1時。堀之内から、横浜までタクシーで帰ると5000円、かかった。

「電車で帰れる時間に上がらせてください」

って何度も言おうかと思ったけど、ついに言えなかった。前から働いているほかのお姉さんたちもみんなそうだったから。

仕事をしていて嬉しいこと？　ウーン、やっぱり指名が取れた時かな。あとラブレターをくれるお客さんもいた。

「僕はあなたのことを好きになってしまったようですけれども、ご迷惑じゃないでし

（写真／金子 靖）

ようか」

なんてね！（笑）。

ソープのとき、メールアドレスを入れた名刺を渡していたら、念願かなって引越しをするとき、ご飯をごちそうしてくれたり、マッサージ師の人がいて、格安で背中を揉んでくれたりとか、そういう人脈もできたりしたんですよ。

■

もう、いまはフーゾクの仕事はしてません。

だって、割に合わないんだもん。これからも、しないと思います。

いまの彼氏は、ソープのお店で知り合いました。

「ナオミ。もう、フーゾクで働くなよ。俺も頑張る」

これってちょっとおかしいかな？　アハハ……。

第4章 天国と地獄

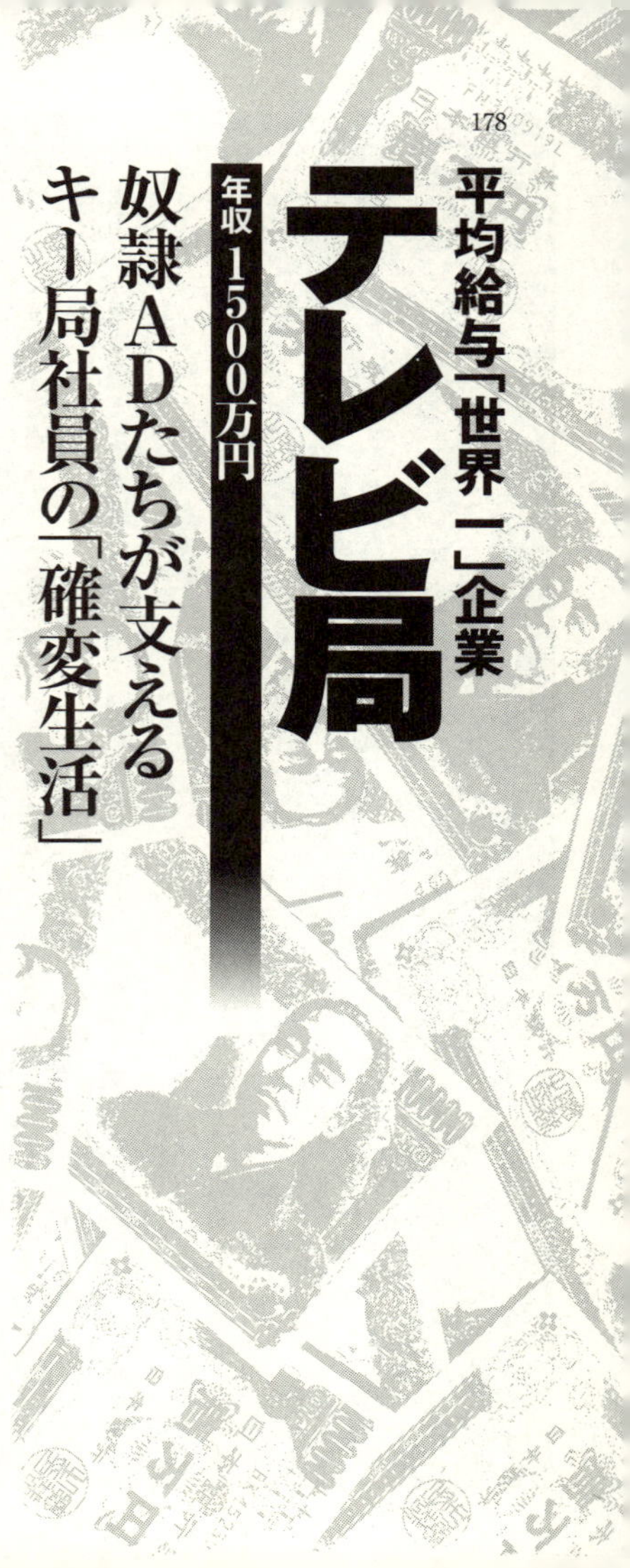

平均給与「世界一」企業

テレビ局

年収１５００万円

奴隷ＡＤたちが支える
キー局社員の「確変生活」

オッフェンバックの軽妙で、どこか物悲しい「天国と地獄」のテーマが最も似合う世界、それがテレビ業界だ。

上場する民放キー局社員の平均給与は１５００万円を超え、これは、日本の全業種の中でも常にトップであるばかりか、世界一の給与水準。入社すればそれだけで「バラ色」の人生が約束されているといっても過言ではない。

それだけに入社試験の倍率は常に200倍～300倍を超え、超難関である。ただ、その夢のような世界は、奴隷のように働かされる無数の人間の代償の上に成り立っていることはあまり取り上げられない。

大学卒業後、ある中堅商社に就職したものの、2年で退職し、テレビ番組制作会社に就職した市川裕美さん(28)は、現在朝の情報番組のアシスタント・ディレクターとして放送局の現場に詰めている。

番組名が印刷された名刺をもっているが、小さく下のほうに制作会社の名前が印刷されている。

「同じ番組に携わっていても、社員と非社員では違うデザインの名刺を持ちます。取材するときには、面倒なので○○テレビの市川です、と言ってますが……」

現在の年収は280万円。手取りはそれより50万円ほど少ない。月に休みは1日あるかないかで、最低でも4、5日は徹夜になる。商社時代から年収は半分になったという。

「たいていは30代をめどに退職するか独立してしまうので、あまり年齢が上の人はいないですね。仮に20年、勤めたところで年収など期待できないと思います。

あんまり興味の無かった商社より、やりたかったテレビの仕事をしたくて……。でも本音は、テレビ局の中途採用を受けて、社員になりたかったんです。私の今の仕事をすれば、確実に同じ年で1200万円はもらえますから」

市川さんはこれまで、何度か経験者を採用する面接に望んだが、結果は思わしくなかった。

「番組制作会社の社員は、敬遠されることが多いですね。下手に中途入社の希望をもたれると、局としてはやりにくいですし、私にも制作会社の同僚がいる。これもそれも、同じような仕事をしているのに、年収格差が3倍も5倍もあるという、このことが原因だと思います」

民放社員の給与は、初年度で700万円〜800万円。2年目に早くも1000万円を超える。報道部門と番組制作の現場は残業が果てしなく続き、そこの給与が（青天井とはいかないものの）手厚いため、本給1に対し残業2という割合。

30代前半で、月給は60万円、ボーナス1回で400万円。それに高視聴率番組が出れば全社員に金一封。

ドラマで視聴率20％を超えるようなホームランを打てば、プロデューサーの賞与は年間2000万円近くに跳ね上がる。

一般のサラリーマンでは縁の無い話だが、年収が2000万円を超えると税務上、確定申告が必要となるが、民放キー局の場合、40代でほとんどの社員がそこに到達するため、税理士を招いた恒例の「対策講座」が開かれる。

「縁故採用が多いことで知られるフジサンケイグループですが、ある産経新聞の編集幹部の息子が、フジテレビにコネ入社したとき、3年目ですでにお父さんの給料を息子が上回った、という話を聞いたことがあります。だいたい、多くの若手社員がお台場に自家用車で通勤していますし、その車がベンツやアストンマーチンだったりする。誰が芸能人だか分かりません。

20代で早くもマンションの話題が始まって、30代で5000万円クラスのローンを完済してしまう。よくあるのが社内結婚、あるいは他局の社員と結婚したケースで、夫婦の所得を合わせると30歳で年収2500万円、なんてことがある。お金のことを考え始めたらやっていけないですね」(市川さん)

下請けのプロダクションや制作会社では、厳しい予算のなか、過酷な労働を強いられ、挫折していく者も多い。しかし、それでも市川さんの制作会社の「会社説明会」では1800名前後の学生が入社を志望し、入れるのは15人程度だという。

「〝憧れ〟という気持ちが、局の社員に食い物にされている気持ちです」

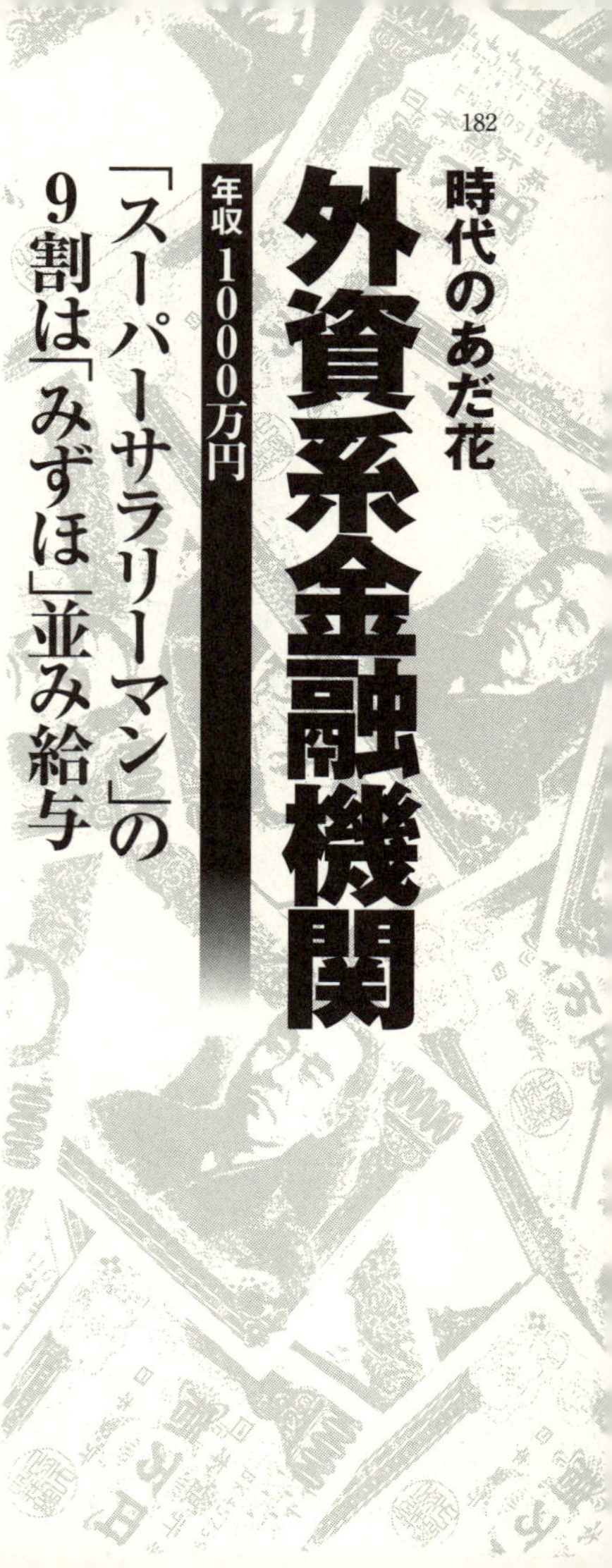

時代のあだ花

外資系金融機関

年収10000万円

「スーパーサラリーマン」の9割は「みずほ」並み給与

我が国の銀行で有価証券の売買（ディーリング）が盛んになったのが80年代後半。金融派生商品、いわゆる「デリバティブ」がもてはやされたのは90年代に入ってからである。90年代前半には、金融制度改革があり、金融の対外開放が始まった。このころから、外資系金融機関の日本上陸がスタートした、と見てよいだろう。

デリバティブは金融工学といった学問的知識が必要とされたから、都銀や信託、長信銀は即戦力として外資系金融機関から青い目のバンカーを引き抜き、銀行の給与体系とは別のギャラを支払った。

ただし、パフォーマンス（運用実績）が低ければ、翌年の雇用は保証されなかった。90年代前半、ある都銀の常務に彼らの年収を聞いたら、「30歳半ばで2000万円」程度という答えだった。

しかし東京のマンションの家賃があまりに高くて、高額のギャラを貰っても都心に住めない不満が広がり、香港などの外資系金融機関に転職し日本を後にした「外人さん」も少なくなかったらしい。

その後、我が国はご存知のとおりのバブル崩壊で銀行は破たんするか不良債権処理に追われることになる。だが、外資系スーパーサラリーマンが登場するのは、意外にも不良債権処理と大いに関係がある。

その理由は、こうだ。

銀行の不良債権は不動産を担保とした巨額の融資が焦げ付いて生まれたものが大半を占めた。

国は99年に債権回収の会社を設立させるために「サービサー法」を作り、02年には「2年後に不良債権比率の半減目標」（金融再生プログラム＝竹中プラン）を策定した。

これによって、更地やもぬけの殻になったテナントビルなどを転売・賃貸させて利ざやを稼ぐ不動産投資(流動化)ビジネスやM&Aが活況を呈し、投資ファンドの隆盛を迎えるのである。

外資系広報代理店に籍を置く北田隆彦氏(仮名・42歳)は、彼らの生態を良く知る。

「とくに『ノンリコースローン』(差し入れた担保にのみ資金回収義務がある融資)が認められてから、不動産などの流動化ビジネスが全盛を迎えました。01年から05年までに勝ち組、負け組がハッキリ出ましたね。いまは不動産投資ビジネス市場が成熟し、優良物件も少なくなったので、これからは横ばいか下降線をたどるでしょう」

外資系金融機関が〝ウハウハ〟だった時代は去り、9割がよくて大手都銀の待遇並みで、運用実績で年収何億という人はごく少数の限られた人数だという。

このころ、モルガンなどの投資銀行や投資ファンド、不動産投資および不動産投信(リート)会社に資産流動化やノンリコースローンを手がけた経験のある銀行・信託、不動産物件に詳しい大手の不動産会社やゼネコンの30歳代から40歳代前半のエリートが、続々と転職していった。

「平均年収3000万というのが相場で、パフォーマンス(運用実績)によって7000万~8000万の人もいました。私が知っている人では年収27億円というのが最高でした」(北田氏)

彼らの中には5年から10年身を粉にして働き、その後海外移住したり田舎で晴耕雨読の日々を過ごす人も少なくない。

北田氏は最近、40歳ですでに30年分の生活費を稼いで某不動産投資会社を数年前に引退し、田舎で悠々自適の生活をしている知人に会った。

「『稼いだ財産も、風呂の水が少しずつ減っていくような気がする』とぼやいていて、抜け殻のようになっていたのには驚きましたね」

奢れる者は久しからず。あのキヨハラさんも数年前の年収100億で都内長者番付にランキングされたが、翌年は名前が消えた。マーケットの変化もあろうが、仕事の実績だけでは生きていけない世界でもある。

「どんな上司に付くかでその先の人生が決まります」と語るのは、ある外資系損保に勤める白井武雄氏(仮名・52歳)。破たんした大手銀行OBで、外資系金融機関を渡り歩いた経験を持つ。

その訳は、外資に転職する人は、次に転職することを常に考えていて、より良いサラリーを求めてチームごと、ごっそり脱藩するからだ。チームのボスは絶えず部下の動きを見守り、チームで実績を上げて丸ごと他社に移っていく。転職先も、自社で手がけていない部門を受け入れるので、クライアントとその担当者の両方が入ってくれれば、あとは机を用意するだけで済む。

「というのも、こうした転職組の場合、彼らのギャラは企業の給与体系の中で決めるのではなく、そのチームにいくらというユニットでの年俸契約で、企業全体の予算から捻出されます。だからチームのボスがどれだけギャラの交渉腕力があるかで将来が決まるのです」

既存の給与体系にないギャラを払うので、転職チームの受け入れは株主から反対の声が上がる場合もある。

企業の利益は株主に還元されるというステークホルダーの意識が強い外資ならではだ。だから、期待していた収益を上げられない社員や幹部は、転職組も含めてチームごとポンと捨てられる。

ボスは次の転職先で高い評価を得るチームに仕立てるために、部下にそれ相応のアメを配り、飲ませ食わせする。

なかには、都心にマンションの一室を持ち、部下の憩いの場として開放している人もいるらしい。

「それから、英語ができるのは当然の条件ですが、それもYES、NOをハッキリ言えること、難しい事柄を分かりやすく伝えられる能力が求められます」

外資系では社内、社外ともに常にプレゼン能力が試される。それに外資は第一印象を大切にする文化があると、白井氏は話す。

時には辞めた会社に出戻ることもある。在職当時にはなかったセクションが新設されたため、スカウトの網に引っかかるのだという。だから、トラブルを起こして辞めたり、喧嘩別れしたりは禁物で、どこに移っても割り切りが大切。気持ちの切り替えが早い人でなければ、外資は務まらない。

チーム（部署）のボスが次の転職先に連れて行ってくれるかを考えているならば、部下もまたボスに気に入られようと努力するのが外資。もちろん、土日出勤は当たり前で、有給休暇など取れるべくもなく、帰社時間は終電後。タクシー代は自腹。上司と部下がゴマを摺りあうなかで実績も上げ、しかも意思表示はきちんとしなければ評価は下がる。

これで年収３０００万円もらって、40歳から田舎に引っ込み、残りの財産を気にする生活が果たしてスーパーサラリーマンかどうか、その幸福度を測る目安は果たしてあるだろうか。

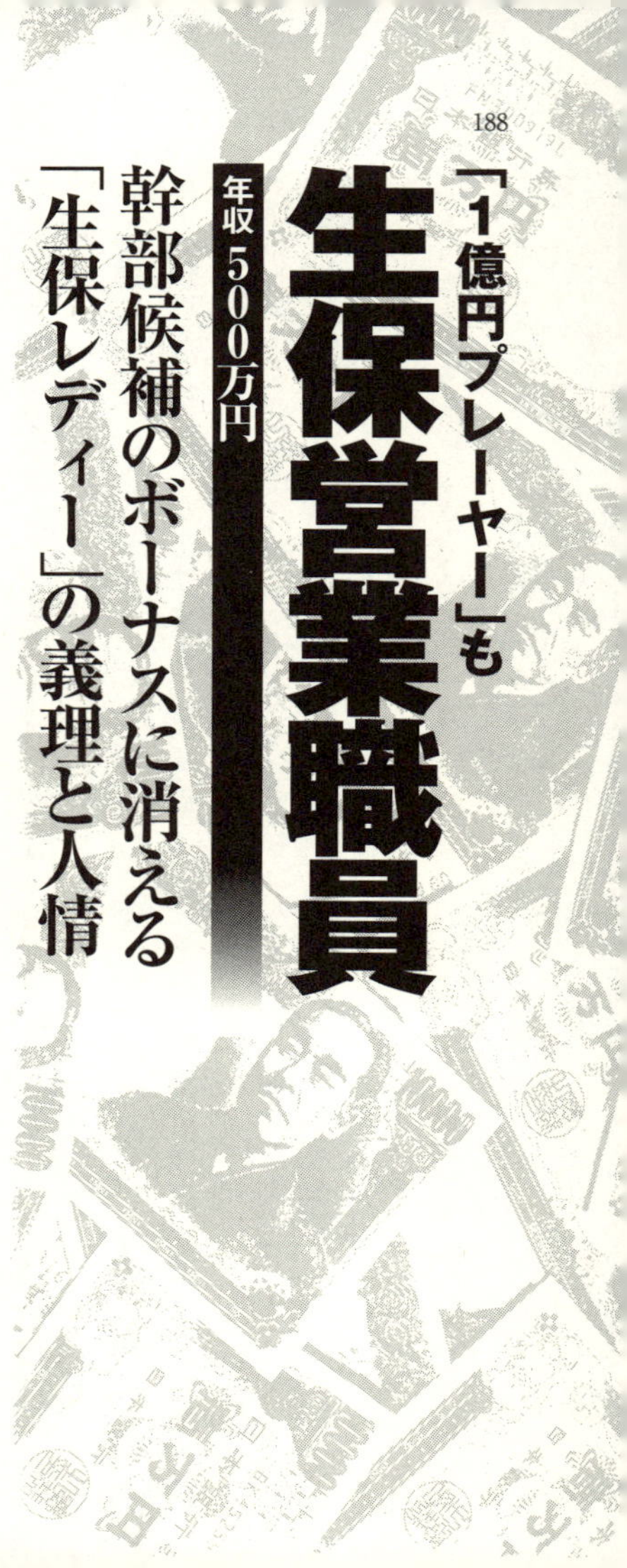

「1億円プレーヤー」も
生保営業職員
年収500万円
幹部候補のボーナスに消える「生保レディー」の義理と人情

「生保のおばさん」という言葉は、職業と労働に対する意識の高まりからいまでこそ使われなくなったが、日本で生命保険契約の勧誘といえば、年配の女性が圧倒的に多いのは事実だ。

生保の営業職は、戦後、主人を失った女性が女手一本で高収入を稼げる数少ない仕事のひとつであったという歴史的経緯もあり、彼女たちは地域に密着して、保険契約のみならず、人生・生活のアドバイスや縁談の提供など、「歩く情報ステーション」として機能してきた。

経済成長時代には、女性の高収入職業の代表格として認知されるようになったが、国民の生保加入率が飽和状態に近いいま、「生保レディ」の置かれた状況は以前にも増して厳しくなってきている。労働省の統計では05年の保険外交員の平均給与は約350万円だ。

この道15年というセールスレディの里見さん（41歳）がため息をつく。

「90年代の初めまでは、まだ景気も良く、新社会人の数も多かったので、稼げました。私も若かったし。いまの年収ですか？　今年は400万円ぐらいになりそうです。でも、いまこの世界に入ってくる人の平均年収は200万円いかない時代ですからね……結婚していないので、ひとりなら何とかやっていけますが、不安です」

確かに、若い頃は美人だっただろうな、と思わせる目のぱっちりとした顔立ちだ。語り口もソフトそのものである。

「20代で、OLを経て会社に入りましたが、年収は1000万円を超えた年が2回はありました。私は一度社会人経験があったので、そこでも営業をしており、新人の女の子よりはるかに広いお客さんを獲得できました」

生保外交員の評価は「獲る」こともそうだが「維持」することに重点が置かれている。いくら契約をたくさんとっても、すぐに解約されたり、成立しなかったりするとあとから所定の罰金が科され、かえって手取りは減ってしまう。だから、手っ取り早い人間関係ではなく「裏切られない」契約を取ることが必要なのだ。

「最初は調子が良かったのですが、バブル崩壊による逆ザヤ問題で、予定利率の引き下げうんぬんの話がでてきてから、お客様の不信感はすごく高まってきて、それから保険金殺人事件なんかが起きて、お客様が保険に敏感になりました。あの頃は、〝俺も一級障害者になったら保険降りるンだろ。医者とか紹介してよ〟なんていうなかなか知恵の入った相談がありましたからね」

20代で年収1000万円というと、その生保の支社では常に成績1位、という状態だったという。

「支社長からは、いつもごきげんうかがいをされていましたよ。君のお陰で食わせてもらってる、って職員の前でハッキリと。例の〝毒カレー事件〟のときなんかは、私に変なプレッシャーを与えまいとして、冗談でも事件に関する話題は禁止、なんて通達を出したくらいですから。年に1回ある私たち生保外交員の慰労会では、何度も表彰されて、あの頃はちょっと知られた存在だったんですけど(笑)」

生保の営業職員は、契約に応じた歩合級。生保の職員ではなく、いわば個人事業主の集団だ。「義理」「人情」「プレゼント」のGNPが勝負のポイントと言われ、契約にかかる経費はコピー代まで自分持ちである。

「90年代は、だから、スカートを履いていれば採用、といって大量の女子大生が毎年入ってきましたよ。でも、ハナから使い捨てですから。半年で4割、3年で8割は辞めます。もう毎日が送別会です」

生保からすれば、1人が親、親族を営業してくれれば、もうそれでモトは取れる。残るのは、本当に「金を稼ぐ」プロ意識を持った少数だ。

トップセールスレディの収入は1億円を超す。

たとえば、数年間連続で日本一の販売高を記録する、業界では有名なカリスマレディの場合、失礼ながら「見た目」がぱっとしているわけではない。

色仕掛けや裏技ではなく、話術と人に好かれる性格、そして感情を大切にするという「お母さん」の要素が、驚異の成績に結び付く。

「この仕事は続けたいのですが、いまより年収が下がるのであれば、ちょっと考えたいですね。保険の仕事で培った資産運用などのノウハウを今度は証券会社で活かしたいと思います。私の歳では、大手生保の幹部社員・職員は年収1200万円から1400万円くらいだと思います。不払い騒動の責任は全部押し付けられて、腹が立ちますね（笑）」

宝くじ並み「N響」入団

オーケストラ

年収1000万円(N響)

「演奏」で食えるのは「上3つ」のオーケストラだけ

05年、NHKが放送したある番組が、音楽家の世界で話題になったことがある。国内最高峰オーケストラとして知られる「NHK交響楽団」(N響)が、なんと37年ぶりという「チューバ」のオーディションを行ない、その登用試験に挑戦した若き奏者が、見事合格するまでのドキュメンタリーである。

門外漢にとって驚かされるのは、それまでずっと一人の奏者が、38年間もN響のチューバを担当してきたという事実だ（日本国内では他の追随を許さないカリスマ大御所奏者である）。ハレー彗星ではあるまいし、38年に１回しか採用がないとは、恐ろしい。

クラシック音楽で食っていく、という大変さは経験していなくてもわかるほどだが、こと金管楽器奏者として（レッスンプロではなく）自立する、などというのは、日本においてほとんどありえないことを意味している。

だから「教える」という世界に仕事を求めていくことになるが、音楽に限らず芸術家にとって最高の理想は、やはり芸術活動１本で生活していくことである。

日本の３大オーケストラと言えば「N響」「読売日本交響楽団」「東京都交響楽団」。それぞれ団員は１００人程度。これらの楽団は、先の例からも分かるように終身雇用制で、団員には給与が支払われている。

「日本音楽家ユニオン」が03年に楽団員の平均年収を調べたところによると、N響が１０００万円（平均年齢約45歳）読響が７６７万円（43歳）そして都響が７３３万円（46歳）であるという。なかでもN響が高い。世間のオーケストラの平均年収は４００万円程度である。それだけで食っていく、という意味では、日本でギリギリ「N響だけ」というのが関係者の一致した認識で、だから「N響」は器楽奏者にとって唯一最高の就職先である。

しかし、これらの給与は、オケの独立採算で出しているわけではなく、オケの赤字を、企業や自治体が利益、税金で補填して捻出されている。だから、本体の経営が怪しくなればその存在すら危うくなる。特に、税金が入っている場合はそうだ。

N響の場合、毎年交付金が10億円以上、つぎ込まれる。35歳で800万円、40歳で1000万円というから、民間の一流企業と遜色ない。しかし原資はもちろん受信料だから、あまりNHK本体に不祥事があると、無関係ではいられない。(ちなみにソロコンマスは2800万円もの年収であるという)

音楽にはお金がかかる。40代で家族を養いながら、400万円では苦しい。それでも、まだこうしたオケに入れるだけ十分恵まれている。

音楽講師のクチを見つけられればそれでもまだいいほうで、たいていの奏者は、音楽と全く違う仕事に就きながら、そのお金と空いた時間を音楽活動に振り向けて、好きな演奏を続けているのだ。(もっともクラシック活動家の中には裕福な資産家が多いため、あくせく働かなくても……という人がいるのも事実だが)

一般的なオケ団員の場合、少しの給与をもらいつつ、個人レッスンや学校での講師で稼ぎながら暮らしているのが普通だ。音楽教育のマーケットではピアノが圧倒的だが、オーケストラはまた別の世界なので、比較できない。

バイオリン、フルートはなかでも演奏人口が多く、糊口をしのぐメシのタネになる。音大は強い師弟関係で成立しているコネ社会。芸大出身者であれば、「音大入試」に関わる利権が大きく、有力教授とのパイプがあれば、あまり食うには困らない。

しかし、私大系音大の木管・金管は厳しい。以前、武蔵野音大でホルンを学んだ女性が「卒業後」になぜかクレー射撃に目覚め、なんとアテネ五輪で5位入賞を果たすという「怪挙」があったが、たいていは音楽の道から離れているのが現状だ。

なお、世界で活躍する、数少ない日本人音楽家の収入は、まさに桁違い。指揮者の小澤征爾、チャイコン優勝の佐藤しのぶ（声楽）、上原彩子（ピアノ）、ショパンコンクール2位の内田光子（ピアノ）らが有名だ。

日本の音楽家の「安住の地」N響（写真／共同通信社）

バブル時代「それから」

予備校講師

年収５０００万円

あのカリスマ講師の悲惨な「それから」

約４００人を収容できる大教室。最後列からは、黒板の文字もよく見えない。教室は浪人生で埋まり、座れない受講生は立ちながら授業に耳を傾ける。教壇には派手なブランド物スーツを着て、襟にピンマイクをつけた講師が熱弁を振るう。時折講師が繰り出すジョークに教室は爆笑の渦に包まれる。この講師の年収は５０００万円だ。

こうした光景は、１９９２年頃バブル経済がピークを迎え、18歳人口の増加が頂点に達した頃には、どの大手予備校でも当たり前だった。

当時、現役受験生の3分の1は大学に入学できず、浪人生たちは予備校につめかけた。その数約30万人、駿台予備学校、河合塾、代々木ゼミナールの3大予備校の浪人生は10万人以上にも達した。急増する生徒に予備校業界は沸きに沸いた。校舎は増築され、予備校間で人気講師の引き抜き合戦も激化し、講師の報酬もうなぎ登りだった。

「大手予備校での人気講師の引き抜き合戦が激化し、人気講師の授業単価は高騰しました。予備校の授業単位は90分で1コマですが、それが5万円以上という講師が現れました」(元大手予備校職員)

1コマ5万円だとすると、1週間10コマの授業を行なうと50万円、1学期が12週、2学期が12週、3学期6週で計算すると1500万円になる。これに加えて夏期講習会・冬期講習会などを加えると軽く2000万円は超える。中には3000万円、4000万円稼ぐ講師も現われた。

予備校がバブルに酔った最盛期から14年以上が経過した。92年をピークに18歳人口は減少の一途をたどり、07年受験者数と大学の入学定員数がほぼ同じになる全入時代を迎えた。当然浪人生は激減し、予備校講師給与も激変した。

「浪人生が減少し、全体の授業時間数も減少傾向です。かつての大教室は姿を消し、100人前後の教室が主流です。講師一人が担当する生徒数が減少し、経営効率も悪く、講師の報酬も下がるわけです。教室の収容人数を減らせば、コマ数は増えるはずですが、浪人生の減少の速度は速く授業時間数も減少しています」（前出・元予備校職員）

33歳の現役大手予備校講師（英語担当）Bさんは不安を隠しきれない。

「今年は1週間に4コマ担当し、他の予備校で2コマ担当しています。1コマあたりの単価は現在1万2000円、夏期・冬期講習会など含めて年収はアルバイトを含めて、約400万円程度です」

Bさんの場合、1週間6コマの授業を担当し7万2000円が収入になる。年間30週間ほど授業があるので、216万円が基本収入だ。夏期・冬期講習会は1講座5日間で、10講座担当すると1万2000円×5時間×10講座だから60万円。276万円が予備校からの収入だ。これでは生活できないので、アルバイトをしているというわけだ。

Bさんは予備校講師となって5年目だが、アルバイトをしながらもこの仕事を続けてきたのは、教えることが好きだったからだ。

「私には合った仕事だと思っていました。生徒の学力が伸びるのはうれしく感じますしね。お金のことだけを考えるなら、とっくの昔に転職していたでしょう。予備校のコマ数が増えて、講師として生活できるようになりたいと思っていたんですが……」

来年講師として続けられるかどうか不安だという。

「毎年10月～11月頃になると、予備校の担当職員から『来年もよろしくお願いします』

と電話があるんですが、今年は電話がありません。他の講師には電話はすでにあったようです。不安でいたたまれず、こちらか電話をすると、担当職員は『まだ決まっていません。来年お願いするかどうかも決まっていないんです』というじゃないですか。今年は授業評価も悪かったですから、来年どうなるのか不安です」

授業評価とは予備校が行なう生徒からのアンケート結果だ。それぞれの担当の授業で、生徒が「満足」「普通」「不満」等の項目に何人回答したかが表記される。アンケートは1学期、2学期にそれぞれ行われ、翌年の授業時間数や報酬に反映される仕組みだ。この授業評価で満足度が高ければ、人気講師と呼ばれ、報酬もグンと跳ねあがる。

「以前ほど景気が良くないとはいいながら、やはり授業評価の良い講師は、予備校にとっては宝であり、優遇されています。ただ、授業の他に教材や模試を作成することに秀でた講師には、また別の評価をするシステムもあります」(前出・元予備校職員)

今も1コマ3万円～5万円のカリスマ講師も少数ながら存在するという。

現在、予備校講師は大学を卒業し、まず中小予備校や塾で講師としての経験を積み、大手予備校に移り、浪人生を対象とした授業を担当するケースが多い。予備校講師の頂点は、大手校で人気講師にのし上がることだが、比較的人気のある講師でも年収は1000万～1500万円程度。しかし、それさえも18歳人口の減少とともに競争は激しくなるばかりなのだ。

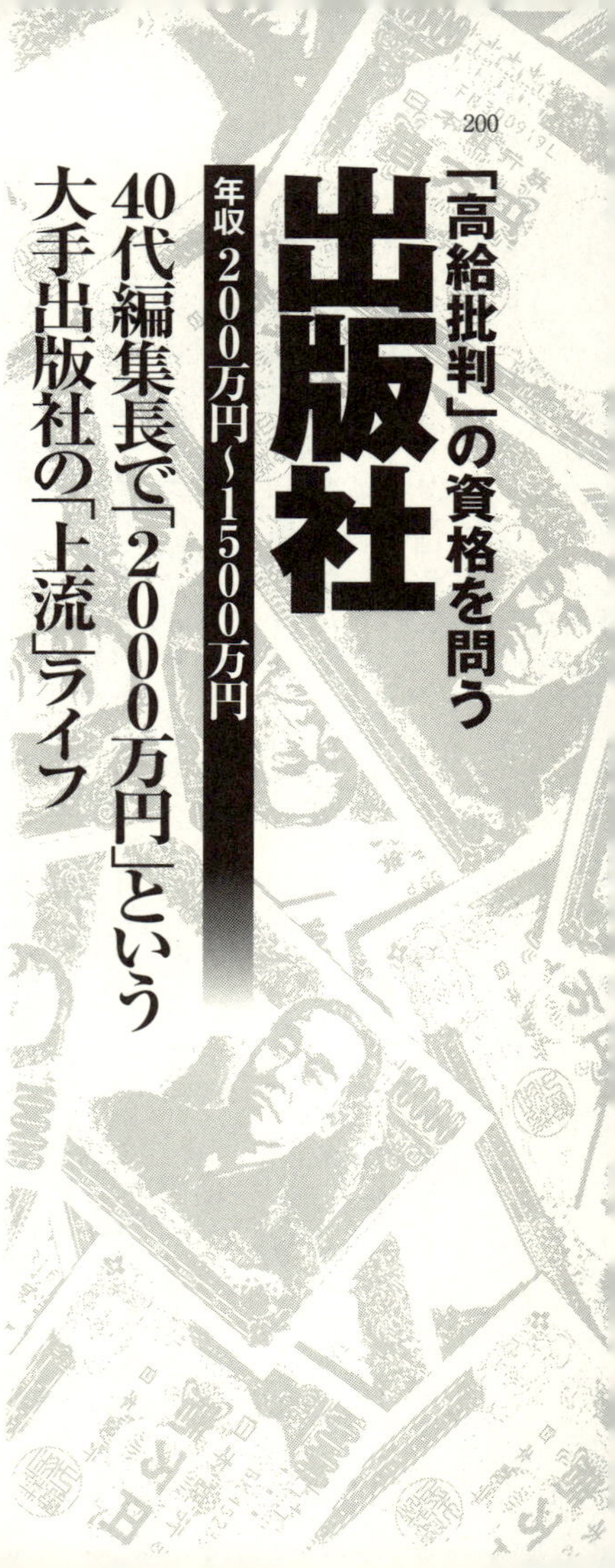

「高給批判」の資格を問う

出版社

年収2000万円〜1500万円

40代編集長で「2000万円」という大手出版社の「上流」ライフ

『週刊ポスト』『週刊現代』といった、サラリーマンにおなじみの総合週刊誌のお家芸のひとつに、「高給批判」がある。

公務員、銀行、テレビ局が3大ターゲットだが、「あいつら許せない！」「どうしてこんなにバカ高い！」というなら、彼らの給与はいったいどうなっているのか、と知りたくもなる。そんなに怒りを代弁してくれるなら、さぞかし低賃金で働かされているのだろう。

10年前、都内の名門大学を卒業し、ある大手出版社に就職した田畑輝義さん（34・仮名）は、現在、総合週刊誌の編集者として働いている。肩書きはないが、デスクの下を取りまとめるキャップといった役どころ。出版業界の花形だ。

「年収は、1300万円くらいです」

ウヘ～。

「ただ、引かれる部分が大きくて、実際の手取りは900万円くらいです。ここの編集部が、残業が一番多くて、社内でもここより多くもらえる部署は無いと思う。僕はこの部署が長いのですが、理由は1件、自分が担当した記事がらみの裁判が継続していまして、それが終わるまではとりあえずここの部署ということになっているんです。高給批判ですか？　うーん、あれは編集部というより記者個人のモチベーションと思ってください」

一般に、週刊誌の編集部は「社員編集者」と「契約記者」によって構成されており、その待遇は全く異なる。社員は異動も昇給も福利厚生もあるが、記者は媒体が決まっていて、週単位でギャラが決められていることが多い。年功なども反映されるものの、年収ベースで言えば社員の半分程度。つまり、あの「高給批判」は本当に「怨念」を込めて書かれたものだというのだ。

「能力の割には、出世・給与は年功序列だと思います。ただ、会社の業績はここ数年思わしくなくて、経費の削減圧力は強まっています。タクシー乗り放題もなくなって、同じ方向へ帰る社員をまとめたりとか、50代の契約記者を切ったりとか……ここ最近ではなく、もう数年前からそういう感じですね。10年後には、もうこんな高い給料ではなくなっている気がします」

講談社・小学館・集英社といった、漫画を持つ総合出版社の給与水準は、週刊誌が批判する銀行業界より給与は高い。

25歳から27歳で1000万円を超え、30歳で1200万円。部署によって差はあるが、おおむね平均年収は1300万円程度と、テレビ局と大差ない。しかもこの高給を批判する勢力はほとんどない。

大手各社が「大卒初任給」として発表する数字は軒並み25万円超え、なかには31万円（新潮社）という数字もあるが、この数字に惑わされてはいけない。

「実は、総支給額は25万どころじゃなくその倍なのですから。（笑）ただ大手の場合は、基本給が高く、ボーナスをそこそこに抑える傾向があって、やはり高給の軸は残業代と手当て。また10万部以上のベストセラーを出した場合には、ボーナスが100万円単位で変わってきます」

50代で管理職になれば2000万円を超えるが、編集部門のなかには「生涯編集者」という気概の人もいて、スパッと退職し、フリーになったり、独立したりするケースも多い。

高給という意味で案外知られていないのは、「エロ」「児童書」「医学系」。

ここ数年、斜陽振りが激しいエロ本業界だが、90年代後半までは超優良コンテンツで、AV・風俗専門誌やエロ漫画出版社の時代錯誤な自社ビルが乱立したものだ。また、福音館書店や医学書院など、安定した販路をもっている専門書出版社のトップは、業界最大手出版社に匹敵する給与を得ており、「知られざる穴場」だ。

さて、こうした全体の数%に過ぎない高給取りたちの下で、無数の「無告の民」たちが過酷な労働を強いられている。

出版社からの仕事を請け負う編集プロダクション社員やフリーエディターの場合、年収は300万円台が相場。ただ、テレビ局と違うのは実力を認められればたちまち仕事が増え、オモテ門から入社が難しい難関出版社に採用されたりするケースが少なくないことだ。

「石にかじりついてでも、という人は、結局最後はそこそこの収入とやりがいのある仕事が回ってくる、というのがこの世界の救い」（田畑さん）

Column

「予想屋」エレジー

売れっ子は1200万！　100円玉1枚の愉悦

文＝小川隆行

「懐事情？　いやぁ、一番痛いところ突いてくるねぇ……」

こう言って苦笑いしたのは、関東の某競輪場で売れっ子のGさんだ。10月某日、久々に訪れたレース場で懐かしそうに迎えてくれた彼は、メインレースの予想を終えたところで、苦笑しながらも口を開いてくれた。

ご祝儀で決まる予想屋の売上げ

地方競馬、競輪、競艇、オートレースの現場に行くと目にするのが「場立ち」と呼ばれる予想屋だ。「初めてのお客さんだと買い方もレース予想もわからないじゃないですか。その点では必要な存在なんですが、愛想のない人もいるし、ダミ声で怖いイメージがあるでしょ……」とは、以前に取材した某競技場の施行者の言葉。公営競技場では「必要悪」とされているようだ。

だが、中には愛すべき人柄の持ち主も少なくない。売れっ子の予想屋は愛想も良く、何より喋りで客を楽しませてくれる。アタリハズレ以外にプラスアルファがあるのだ。一方、人が寄りつかない予想屋には寄りつかない理由が存在するのだが、ともあれ、予想屋の懐具合を覗かせてもらおう。

「バブルの頃はね、そりゃ上客がワンサカいたよ。売上げがご祝儀で決まったねえ。ほら、アンタも目にしたろ？　中野浩一↓井上茂徳の大本線が決まったじゃない。あんときのご祝儀覚えてる？　30万だよ。予想台に万札並べて、張り場所がなくなって腹巻きに差してな。いやぁ、懐かしいねぇ。今は20倍の中穴当てても千円札数枚がやっと。世知辛いねぇ」

とはいえGさんは今でも場内一の売れっ子だ。その日、場内10人の予想屋をつぶさに観察してみたところ、顧客数2位の予想屋が50人だったのに、彼の元には倍の約100人が集まっている。

予想料金は1レース百円だが、朝の5レースぐらいまでは「1日客」として5～600円で1日分を売る。1レースから最終12レースまで予想を買う場合、客は半額の600円で済むことになる。6レース以降は「半日客」として6レースで2～3百円。コツコツ商売なのである。

「1日8万」をキープする「競輪コンサルティング」

「売上げ？　これぐらいだね……」

腰のポーチには千円札が50枚ほど入っていた。このほか、50枚ごと新聞紙で束にされた百円玉が5束。大雑把に見積もって8万円はありそうだ。

レース開催は月に8日だが、彼が予想台を持つ競輪場は2カ所あるため月の半分が仕事日だ。取材当日が「平均的」というから、8万×16日＝月収128万円ナリ、といったところか。このほか、他場の場外発売では、特別競輪（競馬のG1に相当する大レース）のみを売っている。これをプラスすると、あくまで推測ではあるが、月に150万を超えるかもしれない。

「売上げはね、全部かあちゃんに渡してるよ。予想紙の製作とかしてくれてるし。かあちゃんも〝従業員〟なんだよね。税金の申告はね、業種が『競輪コンサルティング』。最初の数年は赤字申告だったけど、最近は普通に納税してるよ。最近、マルサの目もあるしね。台の上に100円玉が集まってくるんだから『収入を公開している』ようなもんでしょ。そりゃあ、100円単位まできっちりとはしてないけど、そんなにひどくもないよ。必要経費はさほどかからないねぇ。申告額？　1本（1000万）は超えてるよ……」

彼は予想屋として2人の娘を育て、家では孫に囲まれているおじいちゃんだ。月の半分は好きなゴルフと釣りを楽しんでいる。車は国産セダンの新車。家は数年前に新築したばかり。まだまだローンが残っているらしく、「もうしばらくは現役だよ。この商売、定年がないからね」と人懐っこい笑顔で語ってくれた。

「社長、ここは機関車は3番だからさ（ポン）、番手の5番がぎりぎりまで我慢して3を助ける（ポンポン）、だから5→3が売れてるけど（ポン）、これを買うのはド素人！」

ポン、とは予想を紙に打つスタンプの音だ。この響きがあるからこその予想屋だが、3連単予想が要求される昨今は複雑な買い目を記入せねばならず、5万円の特製スタンプを2つも特注したという。

彼の口上に耳を傾けてみた。

「2番の●●のグループいるでしょ？（競輪は仲の良い選手同士でラインを組むため、おのずと練習も一緒にするようになる）。大きな声じゃ言えないけど、こいつらさ、こないだ3人で海外に遊びに行ったんだよ。そしたらさ、みんなして下の病気もらってきた。で、次の日そこのファミレスで、ガンクビ揃えて暗い顔してやんの」

「▲▲に会ってさ、（親分格）の『××どうしてる？』って聞いたら『コレ（といってパチンコのハンドル握るマネをする）行ってます』だって。ホントこいつら、女とギャンブルばっか！」

「■■が嘆いてたよ。『＊＊は差せない、かなわない』って。会社の金も使ってしまえ！」

客から失笑が漏れる。嘘か真かはどうでもいい。客は予想を買っているようで、実は「人間性」を買っているのだ。断言できるのは、サービス精神が旺盛な予想屋ほど売れるということだ。

予想屋では儲からず、日雇い労働に……

一方で、客の寄りつかない予想屋は悲惨だ。この日、もっとも少なかった予想屋は1レースに3枚、300円ぐらいしか売れていなかった。二日酔いで酒臭い彼は、予想を売り終えるたびに穴場（車券売り場）に売上げを突っ込んでいる。

「コラ、▲▲のクズ！　テメー何やってんだ！」

これでは客か予想屋かわからない。Gさんの話。

「予想屋も勝ち組と負け組がはっきりしてきたよね。彼なんか、最近は来たり来なかったりだもん。1レース300円×12レースで4800円。これじゃ生活できないよ。予想組合に1日1500円払うから、残るのは3000円でしょ。予想より、日雇い労働に行ったほうが稼げるね。みんな借金したり、女にハマったりしてるよ。予想屋でちゃんと生活しようと思ったら、馬券や車券は買わず、遊びもやらないことだね」

予想根拠の説明もなくオウムのように「万車券！　万車券！」と繰り返しているだけでは、1レース300円も当たり前。それでなくとも公営競技の客数は減る一方で、今後は小数の勝ち組しか残らないだろう。

さらば、愛しきバブル！　あるフーゾク紙記者の回想

「フーゾク取材」でマンションを買った男

文＝早川満

もう、バブルは終わっていた。

「クリエイティブな世界」『華やかなマスコミ』と思って入ったのに何だこれは――。

90年代をフーゾク新聞で過ごした記者の見た、奇妙で強烈な人たちの記録。

いまでも聞かれる「いい思いするんでしょ？」

「それじゃあ地回りになるのかい？」

それまで勤めていた会社の社長のところへ退社の挨拶に行くと、半ば呆れたような顔でそう言われた。世間的な評価からすれば、フーゾク店の紹介を生業とする『ナイタイ』などは、ヤクザも同じということなのだろう。

ある出版社の営業として2年半ほど勤めた後、「やっぱり書くほうの仕事をしたい」

と転職を決意。

「会社分裂の噂を聞くナイタイなら未経験の自分でもすぐに仕事を任されるのでは」と入社したのが94年1月のことだった。

地回り呼ばわりされたことで「フーゾクの知識も経験も乏しく、アウトロー志向も希薄な自分に勤まるのか？」との不安を抱いてのスタートとなったが、いざ仕事を始めてみると先輩記者たちはきわめて温厚で、編集部の居心地もじつに良好だった。

「体験取材でイイ思いをするんでしょ？」

とよく言われるが、ナイタイでの通常業務において、その手のことはまずなかった。あくまでも取材対象とは一線を引いておかないと後々面倒になるというのは、この業界で働く上での必須の知恵である。

あるカメラマンなどは吉原取材の際、ムダにカラダを触ったと女の子からクレームを付けられ、結局罰金として200万を払わされたと聞く。この世界、少なくとも表面上は女の子が第一とされているから、その機嫌を損ねるようなことは一切あってはならない。そのためにはムダな接触を避けるのが一番なのだ。

中には取材した子を口説き同棲するような記者もいて、単に付き合うだけなら店も大して文句は言わないが、その子が「店を辞める」となったときには「いらぬ知恵をつけたんじゃないか」と店側から疑われたりするから、やはり面倒なことは多い。

ただまあ、自分も含め大半の編集記者は「フーゾク&女大好き」ということではなく、出版マスコミへの夢を捨て切れず、ようよう辿り着いたという人間ではなかっただろうか。

しかし、そんなことは筆者の勝手な思いで、フーゾク＝「ナイタイ」の主体をなす広告営業部の人間たちは、業界内で「地回り」とハッキリ認識される。

いまでこそふつうの若者らしい風貌の社員が増えたが、その当時はというと元フトンの訪問販売員、ホスト崩れ、フーゾク店員等々。見た目もパンチパーマだったりと、とても堅気に見えないような人たちがズラリと揃っていた。

こうした半グレのような人々が集まる理由には、1にも2にもその給料の高さがあった。

当時、営業マンの募集広告には給与モデルとして「26歳、入社1年目で月収100万」と記されていて、事実そのぐらい稼いでいる社員は複数いた。

基本給こそ15万円程度だったが、広告売上げに対する歩合が10～30%と大きいため、働きぶりに応じての収入アップが可能。クライアントであるフーゾク店関係者には一般常識の通じないようなクセの強い人間が多く、そこから広告代として現金をかき集めてくるというのは至難の業。しかし、一度人生に失敗して借金を抱えたような人々にとって100万という金額はデカい。

営業部員は「月給100万」新聞記者は「月給22万」

そのころ世間はバブル崩壊からの不況にあえいでいたが、フーゾク界はというと「ダイヤルQ2」ブームこそ去っていたものの、性感ヘルス、イメージクラブ、横浜のヘルス街などが続々新規開店する好況下にあった。営業マンもそれに応じて稼ぎを増やし、ナイタイで貯めたカネを元手に大阪でデリヘルチェーンを展開し、大成功をおさめたなんてヤツもいた。

ちなみに、ナイタイの新聞広告の売り上げの推移を聞いた範囲で記すと、Q2ブームの頃の1週5000万円というのがピークで、その後90年代半ばの新店ラッシュの時期は雑誌媒体への広告移行もあって1500万円前後。いまはインターネットでの広告の比率が増えたため、新聞のほうは……まあこれはそれぞれ推察していただきたい。

では編集記者の給料はというと、営業が100万に届こうかというのにくらべると、じつに大したことがない。初任給が22万円。デスクなど肩書きがつくと3万、5万と上積みされるのみで年次昇給は無し。ボーナスも微々たるもので、まあ小さな編プロと同等ぐらいではなかったか。

それでいて日々の取材で慣れ親しんでいることもあり他業の会社員に比べれば自然

とキャバクラ&フーゾクに通う機会は多くなる。自分でいえば月平均にして5〜10万円程度を夜の街に落とすという感じだったろうか。また仕事でも、テレクラの体験取材ともなると、まず銀行に寄って5万円ほど下ろしてから向かうといった具合(何のためのカネかといえば、上手く口説けた時のホテル代とか、あとはまあイロイロと……)。こんなことだから当然、皆カネには苦労することになる。自分を含め消費者金融を頼りにする輩も少なからずいた。

そんなところに誘惑の手が忍び寄る。業者からの〝お車代〟というやつだ。社員同士でおおっぴらにこれをもらったという話をすることはなかったが、会社から「絶対に受け取るべからず」という通達があったぐらいだから、きっと頻繁にあったものと思われる。

特にその種の〝お小遣い〟のくれっぷりが良かったのがソープランドで、取材に訪れる度に5000円〜1万円程度を包んでくれたと聞く。しかもこれを拒むと「なぜ受け取らない!」と凄まれるというのだから、困ったやら嬉しいやら……。

巨匠カメラマンが吉原マネーでスタジオ!

吉原界隈で巨匠と讃えられていたカメラマンのK氏。ソフトフォーカスを利かせまくった独特の写真が「シワが目立たず年齢のごまかしが効く」と大いにウケたものだが、この人などはソープからの稼ぎで自前の撮影スタジオを構え、末にはこれも自前でフーゾク誌を発刊したほど。出版社からのギャラだけでは、とてもここまで大金を得ることはかなわないだろう。

ただこうした景気の良い話はあくまでも90年代までのこと。自分が02年頃、半年ほどソープ担当記者として取材したときは、この業界全体が冷え込んでいたためかオイシイ余禄に預かることはほとんどなかった。フーゾク業界が隆盛を極めた90年代もキャバクラを担当した期間が長く、こちらはソープと異なり足代を出す慣習がなかったようで、この種のカネにはとことん恵まれていない。

とはいえ個人的にイイ思いをした経験がまったくないわけでもない。

渋谷のテレクラに体験取材で訪れたときのこと。個室に通されるとスグに年齢を書くのもはばかられる女の子と電話がつながり、そのままなるようになったのだが、アレなどはいまにして思えば店側が用意したサクラではなかったか。

また、性感ヘルス店などから無料招待されることもあった。これは客入りの悪い時、「新人に仕事を覚えさせたい」「店の看板娘に客が付かないのはマズイ」というような理由から、店長が知己を客として招くというもの。タダで人気娘と遊んだうえに店から感謝されるというのだから、これぞ役得というべきものだろう。

しかしこのとき、店長は自腹で女の子のギャラを負担するというのだから大変だ。

傍目に見ると、フーゾク店などはぬれ手に粟の商売と映るかもしれないが、現実は決してそうでもない。

男性スタッフの場合だと入店早々で月給25万円ぐらい……というと良い額にも見えるが、労働時間が1日15時間×月30日というようなこともあるからまったく以て割に合わない。

では店長にまで昇格すればどうか。自分の親しくしていた性感店店長の場合は月間利益の20％という完全歩合報酬で、計算してみると月にだいたい80万円前後になる。彼は20代後半だったから、それで年収1０００万円というのは悪くないように思うが、オーナーからの売上げへのプレッシャー、男女スタッフ管理の大変さ、そしていつ摘発をくらうとも知れないリスクを考えると、やはりオイシイ仕事とは言い難い。

しかもこの例はかなり流行っていた店のもので、フーゾク業界が冷え込んでいるいまは、きっとさらに厳しくなっていることであろう。

オーナーにしても、驚くほど儲かるものではない。客単価1万5０００円程度として、当時でも1日の来店人数は平均的な優良店で70人といったところ。単純に計算して月の売上げが3０００万ちょい。これで男女スタッフの給料や諸々の経費が2００0万ほどかかり、更に店長の歩合報酬を引けば、純利益は多く見積もっても7～８００万円といったところ。重ねていうが、これは人気優良店での話だから、その他の店となると推して知るべしである。

フーゾク嬢トップは年収2000万円から3000万

ではフーゾク嬢のほうはどうか。

自分の聞いた中では、吉原ソープ嬢で月300万円、性感ヘルス系で150万円といったところがトップクラスで、これは今も同水準だろう。いくら業界が落ち込んでいるとはいえ人気の女の子に売上げが集中するのは変わらない。

客の支払う金額に対し店と女の子の取り分がどうなっているのかは、ソープの例が分りやすい。

入浴料3万円、サービス料5万円の高級店なら単純に、3万円が店、5万円が女の子のものとなり、そこから1日千円程度の雑費を女の子が店に支払う。

ヘルス系の店ではコース料金を6：4で分けるというのが多かった（6が女の子。7：3から女の子4の4：6まで店によっての差はあったが）。指名料はそのまま女の子に。その他コスチュームやローターなどオプション料金については丸ごと女の子に渡すというところもあれば、店と分けるというところもあった。

ピンサロは他と異なり時給＋指名料。人気や経験で時給はアップするが、それでも週6日、8時間労働で月100万いけば御の字と、他に比べてかなりキツイ。

それでもピンサロは、表向き飲食店としての営業許可を取っているため、一般のアルバイト情報誌に求人広告を出せるという利点があった。

パブかスナックで働くつもりで面接に来た子を「フェラぐらい経験はあるでしょ?」と、嫌がるところを無理やり客の前につれていくと、結構な割合でそのまま店で働くようになるという。

「だって、逆らったら何されるか判らなくて怖かったし。でも後でちゃんとお金もくれたし店長も優しくしてくれたから、まあいいかなって」とは当時実際に新宿のピンサロに勤めていた女子大生の話。見知らぬ客へのフェラを強制されて「優しい」も何もあったものではないが、それほどに女の子の気持ちを掌握する術に長けていなければフーゾク店長など勤まらないということなのだろう。

「女の子の面接のときは、ゼンブ話すんです。雑誌に出ないなら1日の稼ぎは3~5万円。顔出しで取材を受けるなら7万円。アナルファックまでやれば10万円になりますよって具合にね」とはそのころ流行り始めていたAF性感の店長氏。そうするとAFなど未経験の子でも大半が納得したという。もっとも別の記者がこの店の事務所を訪れたとき、部屋の片隅で半裸の女の子がグッタリうずくまっているのを見たというから、どこまでが本当の話なのか判ったものではない……。

そんなこんなとなだめすかされこの業界に踏み入れて、というのがフーゾク嬢の一種定番だったが、近ごろはどうも様子が異なるようだ。フーゾク求人誌なるものが増え、この業界への認識も高まった(?)ことで、最初から条件の良い店を選んで、進んでこの世界に入ってくる子のほうが断然多いという。

「女の子は選び放題で求人をかければいくらでも来る。だけど、肝心の客がねえ……」とは06年現在の、とあるフーゾク店長の弁である。

自分がナイタイで働き始めた頃でもすでに、フーゾクで働くことに後ろめたさを感じる様子を見せる子は少なくなっていたが、いまはさらにそれが進み、「稼ぎの良いアルバイト」と完全に割り切って働く子が大半だとも聞く。

これを「明るいフーゾク業界」と歓迎するのか、「趣きがなくなった」と嘆くのかは、人それぞれ好み問題ということになるのだろう。

バブルの「夢」だけを聞かされた筆者は、ナイタイを辞めても、いまなおフーゾク取材の仕事は続けている。

執筆者紹介

加藤庸二（かとうようじ）
写真家。（株）ワイドビジョン代表。1951年生まれ。明治大学在学中より薩南諸島に旅し、以後「日本の島」をテーマに撮影・取材活動を続ける。主な著書に『沖縄35島』（桐原書店）。共著に『にっぽん島の旅』（中央公論新社）ほか。日本写真家協会会員。

小川隆行（おがわたかゆき）
昭和41年千葉県生まれ。拓殖大学卒業後、バーテン、編集プロダクション、大型ドライバー、タクシー運転手など数々の職業を経験。現在はフリーの編集&ライターとして日々をしのいでいる。得意分野は競馬、野球、相撲などスポーツ全般。「人生楽しく陽気に」がモットー。

早川　満（はやかわみつる）
1967年三重県出身。早稲田大学卒業後、出版社、ナイタイスポーツを経てフリー。政治、経済からスポーツ、ギャンブルまで幅広いジャンルをこなす。

本書は2006年12月に小社より刊行した
別冊宝島1368『人生が変わる「高給」「薄給」本当の話』を
改題・改訂し、文庫化したものです。

宝島
SUGOI
文庫

あっと驚く！　「高給」「薄給」の真実
（あっとおどろく！　「こうきゅう」「はっきゅう」のしんじつ）

2009年4月18日　第1刷発行

編　者　別冊宝島編集部
発行人　蓮見清一
発行所　株式会社 宝島社
〒102-8388　東京都千代田区一番町25番地
電話：営業03（3234）4621／編集03（3239）5746
http://tkj.jp
振替：00170-1-170829（株）宝島社
印刷・製本　中央精版印刷株式会社

First published 2006 by Takarajimasha, Inc.
ISBN978-4-7966-7083-8

異説　戦国武将99の謎

「歴史の真相」研究会

豊臣秀吉の最終目標は皇帝だった!? 直江兼続は天下一の世渡り上手!? 武田信玄は戦よりも実務が得意だった!? 織田信長から武将の妻たちまで、日本史の常識を覆す一冊！

タブーの日本史　消された「過去」を追う

別冊宝島編集部 編

教科書では語られることのない「タブーの日本史」。日本奴隷史から、豊臣秀吉の狂気、731部隊の真実、はたまた「大奥」の世界まで、さまざまな「裏の日本史」を紹介します。

名作映画を英語で読む　ローマの休日

藤田英時 編著

映画は最高の英語テキストです。名作『ローマの休日』の字幕対訳付きテキストで、正統的で美しい英語を身につけましょう。マスターすれば、『ローマの休日』を字幕なしで楽しめます！

名作アニメを英語で読む　ふしぎの国のアリス

藤田英時 編著

ディズニー・アニメの最高傑作『ふしぎの国のアリス』で英会話を学びましょう。アニメで使われる英語は、実用的で正しいフレーズが多く、英語学習に最適です！ 字幕対訳付き。

賞味期限がわかる本

徳江千代子 監修

「賞味期限」と「消費期限」の違いって？ 開封後はいつまで食べられる？ いままで曖昧だった賞味期限の正しい見方が、本書ならわかります！ キッチンに常備したい一冊です。

宝島SUGOI文庫

プロ野球 この4番打者がすごい!

別冊宝島編集部 編

「4番」打者として一番数字を残したのは誰か? 日本プロ野球を引っ張った、歴代スラッガーたちをランキング。知られざるエピソードとともに「真の4番打者」を検証する。

新日本プロレス伝説「完全解明」

ミスター高橋

あの「ミスター高橋」が振り返る、昭和新日本プロレス黄金時代の名勝負・事件・スキャンダル傑作選。数々の名勝負をプレイバックしながら、その〝真実〟と〝舞台裏〟を明かします!!

ヤクザも惚れた仁侠映画

夏原武 編

本物のヤクザが〝ヤクザ映画〟を語る、いままでなかったレビュー集。『網走番外地』から『殺し屋1』まで、映画評論家には決して語れない、任侠映画の虚と実をリアルに解説します。

神社とお寺の基本がわかる本

武光誠 監修 グレイル 著

参拝のとき「手を叩くのは神社? それともお寺?」などと、迷った経験を持つ人も少なくないはず。本書で、神社とお寺の参拝の基本や由来などを学び、正しい参拝作法を身につけましょう。

僕たちの好きな三国志 戦争編

別冊宝島編集部 編

『三国志』の中でも「戦争」にテーマを絞った解釈本。『三国志』を代表する19の決戦と、その決戦を盛り上げた24人の戦略家たちの真実を、これまでになかった新解釈で明らかにする。